公开水域皮划艇指南

许亚萍 / 主编

GUIDE TO OPEN WATER KAYAKING AND CANOEING

北京体育大学出版社

策划编辑：李　涛
责任编辑：吴海燕　李　涛
责任校对：孙运娟
版式设计：华泰联合

图书在版编目（CIP）数据

公开水域皮划艇指南 / 许亚萍主编. -- 北京：北京体育大学出版社, 2021.1（2025.2重印）
ISBN 978-7-5644-2849-5

Ⅰ. ①公… Ⅱ. ①许… Ⅲ. ①皮艇运动－教材 Ⅳ. ①G861.4

中国版本图书馆CIP数据核字(2018)第011760号

公开水域皮划艇指南　　许亚萍　主编
GONGKAI SHUIYU PIHUATING ZHINAN

出版发行：北京体育大学出版社
地　　址：北京市海淀区农大南路 1 号院 2 号楼 2 层 办 公 B–212
邮　　编：100084
网　　址：http：//cbs.bsu.edu.cn
发 行 部：010–62989320
邮 购 部：北京体育大学出版社读者服务部 010–62989432
印　　刷：北京建宏印刷有限公司
开　　本：787 mm × 1092 mm　1/16
成品尺寸：185mm × 260 mm
印　　张：8
字　　数：138 千字
版　　次：2021年 1 月第 1 版
印　　次：2025年 2 月第 3 次印刷
定　　价：60. 00 元

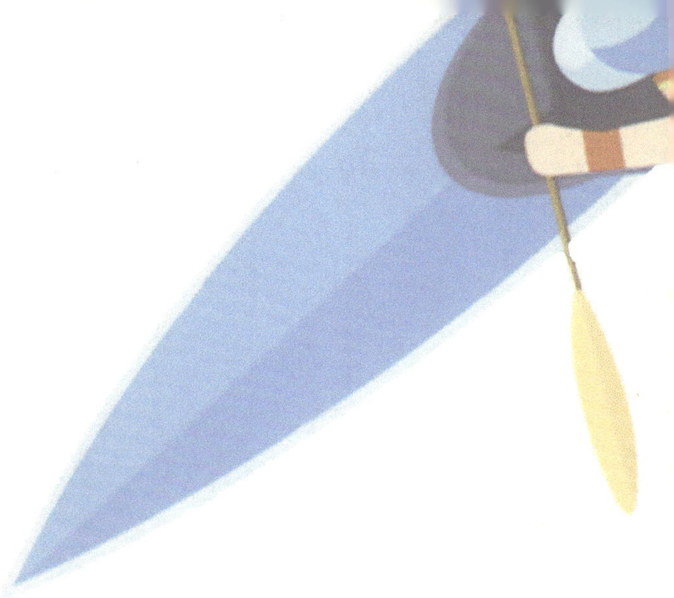

编委会

主　编：许亚萍

副主编：李　欣　许觉民　许高航

徐水强　林　权　武　林

目　录

前 言

近年来，随着我国人民生活水平的日益提高，人民群众对参与户外水上运动的需求日益增长。民间皮划艇俱乐部如雨后春笋般在各地涌现，鉴于此，加强皮划艇运动教练与学员的规范化培训，建立健全适合我国皮划艇运动发展特点的培训体系显得尤为迫切。

中国皮划艇协会于2015年组织人员成立了编写组，确定编写《公开水域皮划艇指南》（以下简称《指南》），用于我国大众皮划艇运动相关人员的培训。在借鉴美国皮划艇协会（ACA）、英国皮划艇协会（BCU），以及中国香港独木舟总会（HKCU）等培训体系的基础上，编写组针对我国现阶段大众皮划艇运动发展的实际情况和需求，进行了多次论证和修改。

《指南》简要介绍了皮划艇运动的起源与发展，并从皮划艇的分类与装备、基础教学与练习、水域辨识与通过技巧、安全救援、教练员及领队的职责五个方面，介绍了开展皮划艇运动必须掌握的基础知识。为教练进行规范的教学，为普通大众体验安全、有趣的皮划艇运动提供了基本的专业知识保障。

《指南》在内容编写过程中得到了徐菊生、何小军、邓继、王冰、刘文锋、林孔周、劭文的大力支持和帮助，在此表示诚挚的感谢！

《指南》恳切希望得到广大业内人士的指正，以期在未来修订再版时能够不断完善，为皮划艇运动的推广做出贡献。

第一章

皮划艇运动的起源和发展

第一节 皮划艇运动简介

根据国家体育总局水上运动管理中心的管理分类，水上运动项目包括赛艇、皮划艇、帆船帆板、摩托艇、滑水、蹼泳、潜水、龙舟、平板舟、海洋舟等。

一、竞技皮划艇

1924年，皮划艇运动作为表演项目进入奥运会。1936年，皮划艇成为奥运会正式比赛项目。1972年，皮划艇又增加了激流回旋项目。但由于花费太高，该项目在慕尼黑奥运会之后被撤出了奥运会。1992年，巴塞罗那奥运会恢复了该项目比赛。1996年，亚特兰大奥运会保留了该项目。德国、匈牙利等欧洲国家在皮划艇比赛中一直占有优势。

皮划艇使用无支点桨，根据划动方式不同可分为皮艇和划艇。其中皮艇采用坐姿，使用双叶桨；划艇采用跪姿，使用单叶桨。皮划艇比赛分为竞速赛和激流回旋赛。竞速赛在静水中进行，激流回旋赛在动水中进行。2012年，伦敦奥运会16个皮划艇项目具体小项如表1–1所示。

表 1–1 2012 年伦敦奥运会皮划艇项目分类

男子	静水项目	1 000 米皮艇（单人、双人和四人） 1 000 米划艇（单人和双人） 200 米皮艇（单人和双人） 200 米划艇（单人）
	激流回旋项目	单人皮艇、单人划艇、双人划艇
女子	静水项目	200 米皮艇（单人），500 米皮艇（单人、双人和四人）
	激流回旋项目	单人皮艇

皮划艇现有世界杯、世锦赛等大型体育赛事。各国也会举办全国范围的专业比赛。从事相关运动的运动员不仅可以通过这些比赛展现自己的精湛技术和饱满的精神风貌，从中体验皮划艇运动的乐趣，还能通过职业比赛获得较高的社会地位和不错的收入。因此，竞技皮划艇的体育产业也顺理成章地兴起，并逐步扩大和繁荣起来。

二、公开水域的休闲皮划艇运动

在我国，竞技类水上运动项目虽然有较强的观赏性，如专业竞速皮划艇（图1–1），但民间知名度并不高。然而休闲水上运动通常具有接触大自然这一天然属性，又常常和户外运动结合在一起，所以也是民众喜闻乐见、较为了解的体育活动（图1–2、图1–3）。常见的户外水上运动项目有漂流、水上探险和老少皆宜的亲水活动等。

图1–1 专业竞速皮划艇

图1–2 海洋舟

图1–3 儿童皮划艇

在国外，尤其是欧美地区，已经有了相当规模的民间水上运动组织，有了一大批水上运动爱好者。他们有规模、有组织、有安全保障地开展业余赛艇、皮划艇竞赛，同时也会进行更加惊险有趣的漂流探险、皮艇球（图1–4）、皮划艇旅行活动。他们中的很多人将水上运动当作一种生活态度和生活方式。水上运动在大众中普及广泛，具有雄厚的群众基础，这也是欧美国家能在奥运会上保持项目优势的重要原因。

图1–4 皮艇球

第二节 皮划艇运动的起源

一、皮划艇运动的起源

现代皮划艇运动起源于西方国家，分皮艇和划艇两个项目。皮艇（Kayak）起源于格陵兰岛上的因纽特人所用的一种小船，这种船用鲸鱼皮、水獭皮等兽皮包在骨头架子上制成，用两端有桨叶的桨划动。划艇（canoe）则起源于加拿大，因此又称加拿大划艇。实际上，这两种艇都是从独木舟演变而来的，因此一些国家和地区，如日本、韩国、朝鲜，以及中国香港、澳门等地都把皮划艇称为独木舟。（图1–5）

图1–5 原始独木舟

现代的皮划艇运动诞生于1865年，苏格兰人麦克格雷戈以独木舟为蓝图，仿制了一条名为“诺布·诺依”号的小船，长4.57米、宽0.76米、重30千克。麦克格雷戈在1865—1867年划船周游了法国、德国、瑞典等欧洲国家，编写了《诺布·诺依千里行》一书并积极推广皮划艇运动。1866年，他创建的英国皇家皮划艇俱乐部举办了第一次皮划艇比赛。

此后，皮划艇运动逐渐兴起，到19世纪末，皮划艇运动已成为欧美各国广泛开展的一项体育活动。 在皮划艇运动的开展过程中，不少人为了提高船速，热衷于对艇形的改造。19世纪末，德国工程师赫曼根据自己的飞行经验，将皮艇制造成鱼形，提高了船速。此后，英国造艇家弗龙德发现船体越长阻力越小，速度也越快，因此造船者纷纷加长船体。1923年，丹麦、瑞典、奥地利等国组成了一个工作委员会，规定了艇的长度为5.2米、宽度为0.51米，一直延用至今。

二、皮划艇运动在中国的历史

虽然现代皮划艇运动起源于西方国家，但是在我国也有非常悠久的舟船历史。《周易》最早以文字的形式记载了我国的舟船发展，“木在水上也”就是对我国古代原始舟船的直接描写。1958年，江苏武进县的一条河中发掘出一只独木舟，该舟长11米、宽0.90米深约0.42米。1965年，又陆续出土三只约公元前539年春秋后期的独木舟。这些文物上有明显的刳挖痕迹，证明了“刳木为舟”的记载是可信的。2002年，杭州萧山发现跨湖桥文化遗址，遗址中出土一只完好的独木舟，经过碳-14测定和年轮矫正，判定该独木舟有7 500～8 000年的历史。此外，我国乃至世界各地都发现了大量古代，甚至是史前时代的独木舟文物。独木舟作为全人类智慧的伟大成果，在漫长的历史长河中，在人类的生产生活、休闲娱乐中发挥着重要的作用。

除了独木舟，我国还有独具特色的赛龙舟传统。龙舟竞渡的历史可以追溯至两千多年前的春秋战国时期。它的起源有三种学说，其中流传最广的一种是为纪念屈原而在汨罗江上举行划船活动；另外，根据《吴越春秋》记载，伍子胥受馋言而死，尸体化为水神，民众便以赛船纪念他；此外，《越地书》记载，赛龙舟起源于越王勾践。除了这些文字记载和民间传说，赛龙舟的起源也有物证。浙江宁波鄞州区出土的一把春秋时期青铜钺，其纹饰便是赛龙舟场景，其中人带羽饰，动作整齐，充分印证了我国赛龙舟的历史极为悠久，至少可以追溯到春秋时期。

从现代运动学的角度看，我国传统的龙舟运动，其技术动作与划艇技术动作十分相似——不仅都使用单叶桨，而且发力部位和方式也非常相近。这种相似可以视为不同人类文明中的一个有趣的契合，说明在不同的国家，不同的文化背景下，传统的龙舟和现代的划艇虽然名称和开展形式有所差异，但都承载了人类文化和生活的需要，符合人体运动的规律。

第三节 皮划艇运动的发展

一、世界皮划艇运动的发展与现状

（一）发展

1924年1月，由丹麦、瑞典、法国和奥地利发起，在丹麦首都哥本哈根成立了“国际划艇代表会”，拟定了代表大会的章程和第一个皮划艇竞赛规则，规定比赛的艇种有皮艇、划艇和风帆艇，比赛的距离为1 500米和10 000米，比赛的形式有普通比赛和接力比赛两种。

1924年，在法国巴黎举行的第8届奥运会期间，加拿大和美国运动员曾在塞纳河上进行划艇表演赛，当时的比赛要求运动员使用同一条划艇，用双叶桨比赛一次，再用单叶桨比赛一次。

1936年，在柏林举行的第11届奥运会，皮划艇开始被列为奥运会正式比赛项目，共进行了9项比赛。

1960年，在罗马举行的第17届奥运会，取消了所有10 000米的长距离比赛，增加了男子4×500米皮艇接力比赛和女子500米双人皮艇。1964年，东京奥运会又把接力比赛改为男子1 000米4人皮艇。到1976年又增加了男子500米单人、双人皮艇和划艇项目。1984年，洛杉矶奥运会又增加了女子500米4人皮艇。发展到现在，奥运会皮划艇比赛总共为12项，而世界皮划艇锦标赛，则趋向于发展较短的距离，增加了200米比赛项目，长距离项目也将10 000米改成了5 000米。

（二）实力分布

奥运会比赛和奥运资格赛的成绩是世界各国皮划艇真正实力的体现，奖牌的分布可以显示皮划艇实力的世界格局。

皮划艇运动在欧洲有着广泛的群众基础，历届比赛的优胜者多数来自欧洲国家，在世界性大赛中欧洲运动员占有绝对的统治地位。目前世界皮划艇运动的竞争格局仍然是以欧洲为中心，匈牙利、德国称霸，尤其在女子三个项目中，第一集团匈牙利、德国已保持多年优势；由欧洲其他国家构成了第二集团（3~8名），成绩差距在0.60秒左右，竞争强度和密度非常大。

从奥林匹克竞赛的时间沿革上来看，在1936年第11届奥运会上，皮艇的强队是德国队与奥地利队，划艇的强队是加拿大队和捷克斯洛伐克队。

第二次世界大战以后，从1948年第14届奥运会到1972年第20届奥运会，男子皮艇共23块金牌，其中瑞典获得9块。罗马尼亚、捷克斯洛伐克、苏联和匈牙利的实力较接近。女子皮艇共11块金牌，苏联夺得7块。

从1976年蒙特利尔奥运会开始，皮艇和划艇都增加了500米距离的比赛项目。1976年、1980年和1984年的三届奥运会上，男子皮艇15块金牌，苏联夺得其中5块，民主德国与新西兰各获得4块。划艇12块金牌中，苏联获得总数的三分之一，罗马尼亚与南斯拉夫各两块。女子7块金牌中，民主德国获得3块。

1988年汉城奥运会上，美国和新西兰的男子皮艇对欧洲的统治地位发起了强有力的冲击，夺走了3块金牌，但是总的来说，德国、苏联和匈牙利仍然保持着强大优势。

苏联解体后金牌分布的格局有所变化，而德国的优势更为突出。1992年巴塞罗那奥运会上，独联体只获得1 块金牌，而德国却夺得了6块金牌。非洲、亚洲和大洋洲国家只有澳大利亚获得男子1 000米单人皮艇冠军。1996年亚特兰大奥运会上，欧洲国家再度称霸划坛，包揽了全部12块金牌，其中德国队在多人艇项目中获得4块金牌。

将视线转回国内来看，从20世纪50年代中期开始，竞技皮划艇运动开始成为正式开展的体育运动项目，是我国相对年轻的体育运动项目。2004年，我国在皮划艇静水项目中取得历史性突破，孟关良、杨文军获得男子500米双人划艇的奥运冠军，并在2008年北京奥运会上成功卫冕。图1-6是2008年北京奥运会中国运动员的比赛场景。相比欧洲的霸主优势，我国仍然有较大的追赶空间。（表1-2、表1-3）

图1-6 2008年北京奥运会中国运动员的比赛场景

表 1-2 2008 年北京奥运会静水皮划艇奖牌分布（部分统计）

排名	国家	金牌	银牌	铜牌	总数
1	德国	2	2	3	7
2	匈牙利	2	1	1	4
3	白俄罗斯	2	0	1	3
4	澳大利亚	1	0	2	3
5	西班牙	1	2	0	3
6	俄罗斯	1	1	0	2
7	乌克兰	1	0	1	2

续表

排名	国家	金牌	银牌	铜牌	总数
8	英国	1	0	1	2
9	中国	1	0	0	1

表 1-3 2011 年皮划艇静水世界锦标赛（伦敦奥运会资格赛）奖牌分布统计（部分统计）

排名	国家\地区	金牌	银牌	铜牌	总数
1	德国	3	2	1	6
2	匈牙利	2	1	0	3
3	波兰	1	1	1	3
4	阿塞拜疆	1	1	0	2
5	法国	1	0	0	1
6	加拿大	1	0	0	1
7	斯洛伐克	1	0	0	1
8	新西兰	1	0	0	1
9	奥地利	1	0	0	1

（三）皮划艇与奥运会

皮划艇起源于格陵兰岛因纽特人所制作的用于劳动、捕猎及交通的小舟。它成为竞技体育运动的标志是在1936年作为正式的比赛项目进入奥运会。在之后的数十年间，皮划艇不断地发展壮大成为在奥运会中拥有12个小项的重要比赛项目。

静水皮划艇要求运动员在尽可能短的时间内通过一段标志清楚而无障碍的航道。比赛在平静的水域进行。静水皮划艇奥运会项目目前设有200米、500米和1 000米这3种距离的比赛。其中，又分为皮艇项目和划艇项目，皮艇项目是指运动员坐在船舱中，用双叶桨进行划水从而带动船向前行进；而划艇运动是单腿跪于船上用单叶桨在船体的一侧进行划动。其比赛器材有所差异，且奥运会中皮艇项目女子、男子均有设项，而划艇目前只有男子划艇项目列入了2020年奥运会。皮艇相对于划艇其划进速度较快，划桨频率（桨频）也较高。 目前，奥运会项目设置为男子皮艇5项，男子划艇3项，女子皮艇4项，共计12个小项，金牌数量在整个奥运项目分布中所占比重较大。该项目强国主要集中在东欧，由匈牙利、德国、塞尔维亚等国家构成第一集团，欧洲其他国家也有较强实力，形成第二集团。非欧洲国家该项目水平还较低，仅在部分小项目具备一定实力。如巴西的单人划艇、中国的女子4人皮艇等。

通过表1-4的数据可以更直观地看到，在竞技皮划艇这一体育项目中，欧洲运动员在世界大赛中占绝对优势。其中匈牙利、德国长期占据霸主地位。

表 1-4 近三届奥运会匈牙利、德国及欧洲其他国家皮划艇比赛成绩

比赛	国家	金牌	占金牌总数比例
1996 年奥运会	匈牙利 \ 德国	6	50%
	欧洲其他国家	6	50%
2000 年奥运会	匈牙利 \ 德国	7	58%
	欧洲其他国家	5	42%
2004 年奥运会	匈牙利 \ 德国	7	58%
	欧洲其他国家	3	25%

（四）现状

皮划艇运动世界竞争趋向多元化，奖牌分布流向亚洲、美洲和大洋洲，加拿大、澳大利亚，美国、新西兰、古巴、中国等欧洲以外的其他国家，根据自己的优势，在个别单项上已有所突破。（图1-7）

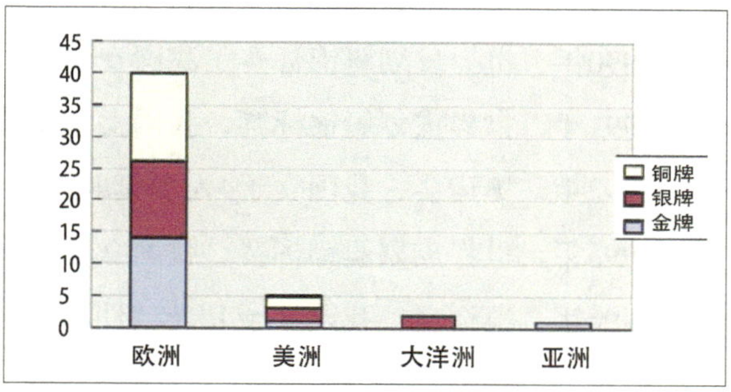

图1-7 第28届奥运会皮划艇静水项目奖牌分布情况

参赛国增多，并有继续扩大的趋势。世锦赛是除奥运会以外最重要的皮划艇比赛，参加世锦赛的国家队从1999年的46支增加到2005年的78支。参赛队伍的增加也导致各个小项参赛艇数量的增加。（图1-8）

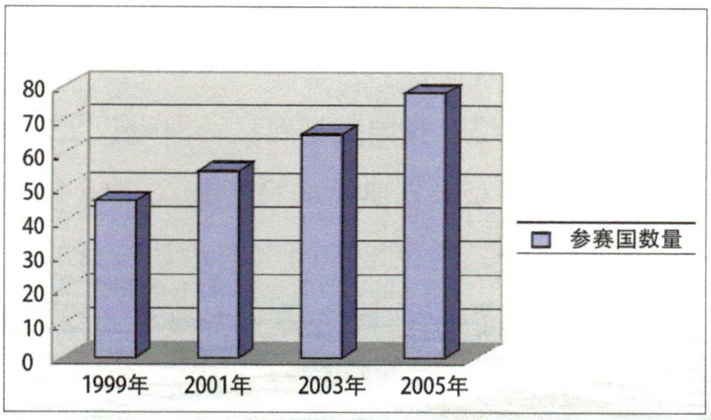

图1-8 1999—2005年世锦赛皮划艇比赛参赛国数量统计

二、我国皮划艇运动的发展

（一）三个发展阶段

皮划艇项目在我国的全面开展已有30多年的历史，其发展过程一波三折，竞技水平经历了20世纪80年代至90年代初的上升阶段、90年代末的下滑阶段，以及21世纪的上升阶段。1980年只有7个省市设有皮划艇项目，现在有25个省（自治区、市）、八一军体大队、行业体协设置了皮划艇项目，并参加全国竞赛。队伍方面，从当初的省队只有一线、二线队伍发展到今天在省以下建立市队，逐步建立了三级训练体系。1987年国家体委颁发了《关于发展皮划艇运动、提高运动技术水平十年规划》，我国皮划艇运动逐渐迈入正轨，水平稳步提升。1996年，我国在亚特兰大奥运会上获得了女子4人艇第4名的佳绩，却始终与奥运奖牌无缘。我国皮划艇队伍近30年的发展，可以用以下几个阶段来概括。

1. 成绩上升阶段

从 1991年到 1996 年，中国皮划艇个别项目，尤其是女子皮艇在世界上的地位从零逐步上升到世锦赛亚军和奥运会第4名。

1990年，世界皮划艇锦标赛，我国女子4人皮艇首次进入世界前 6 名。

1991年，世界皮划艇锦标赛，我国女子皮艇获第3名。

1992年，奥运会，我国女子4人皮艇取得第5名、女子双人皮划艇取得第7名。

1995年，世界皮划艇锦标赛，我国女子4人皮艇取得第2名。

1996年，奥运会，我国女子4人皮艇取得第4名。

2. 成绩下降阶段

1997 年到 1999 年，成绩逐步下降，回到原点。在1999年世界锦标赛上，我国女子4人皮艇、双人皮艇和单人皮艇分别只取得第25、20名和16名的成绩，失去了参加奥运会的资格，使我国皮划艇运动与世界水平拉开了距离。

3. 成绩回升阶段

进入21世纪，我国皮划艇运动取得长足的进步，在第28届雅典奥运会上取得了金牌零的突破。男子双人划艇孟关良、杨文军组合在2004年雅典奥运会和2008年北京奥运会取得了两枚金牌，这也是中国水上运动项目的第一块和第二块奥运金牌，是具有历史意义的巨大突破。但是在此之后又出现了一段低谷期，并且和世界先进水平拉开了一定的距离。

目前，中国皮划艇项目较有优势的小项有：女子4人皮艇500米，女子单人皮艇500

米，男子单人划艇200米。从目前来看，我国皮划艇竞技运动水平正处于全面上升的阶段，同时也意味着正面临巨大的挑战，因为我国皮划艇项目现阶段的整体竞技水平不高，项目普及程度低，后备人才队伍结构不合理，从业人员的认识水平和管理能力不足，训练竞赛场地器材条件较差等问题，制约和影响了我国皮划艇运动的发展和进步。

我国绝大多数省份均拥有省队，部分领先省份如广东、山东还拥有完备的地市队系统和选拔体系，为国家队提供了一定的人才积累。虽然我国整体水平距离世界领先水平还有一定差距，但是我国也正处于进步和追赶当中，争取在之后的奥运会上再创辉煌。

（二）我国皮划艇运动发展趋势

为了深入推进体制改革和机制创新，全面落实《奥运争光计划》，整合和利用我国体育资源，发掘和培养更多的奥运后备人才，实现我国皮划艇项目的可持续发展，建立我国培养优秀皮划艇运动员和后备人才的目标模式，通过全国皮划艇界的共同努力，用 4~8 年的时间，使从事业余训练和专业训练的运动队规模适度扩大，项目布局更加合理，体育科研实力更加强大，训练效益更加明显，体育竞赛更加活跃，人才交流更加广泛，国家交流渠道更加畅通，教练队伍更加壮大，运动成绩更加优异，形成与世界相适应的项目发展氛围。

为保证上述目标的实现，应逐步建立和完善管理体系、控制体系、训练竞赛体系等六大目标体系。（图1–9）

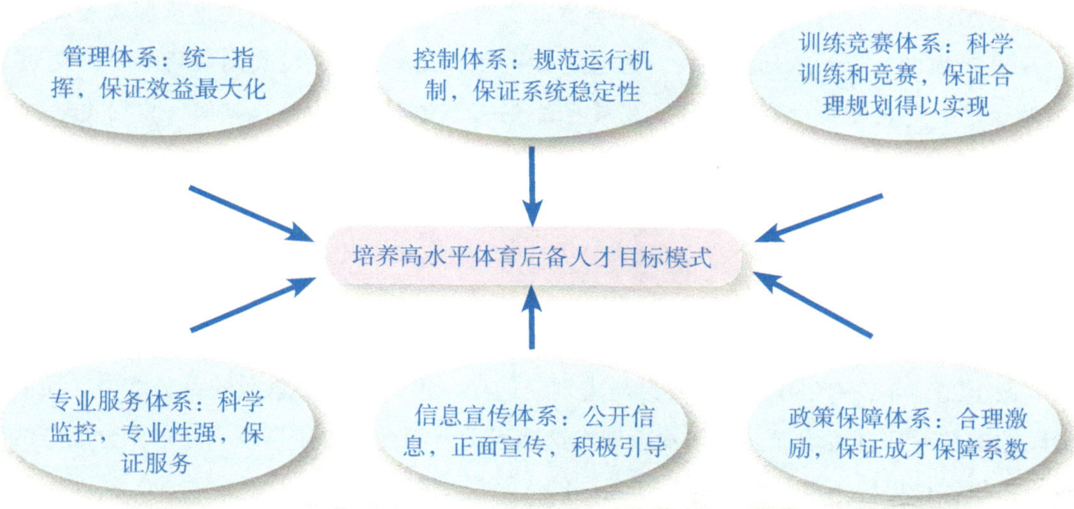

图1–9 培养优秀皮划艇运动员和后备人才的目标模式示意图

推动国内皮划艇发展的大事件

2014年，我国举办了首届中国全民休闲皮划艇大赛，赛事以联赛形式，陆续在合肥、宁波、北京和杭州4个赛区举行分站赛，于2015年1月10日在福建福州举行总决赛。截至2016年底，该比赛已经成功举办了两年。

学校教育方面，浙江大学依托校园优良的水域资源，2014年在国内首开皮划艇课程，任课老师为皮划艇世界冠军许亚萍。该课程成为国内综合类大学开设的第一个皮划艇通识课程，深受学生喜爱，成为最难选的热门课程之一。2016年，皮划艇课还成功入选浙江大学原味英文课程建设计划，引入世界高水平教练，课程质量和国际化程度进一步提高。这一课程的成功开设为皮划艇项目进校园并成为普通体育课程奠定了良好的基础，积累了教学经验，并成为浙江大学校园体育文化的标志之一，在社交媒体上受到大量关注和好评，取得了良好的社会影响。

2015年3月23日，国际划联（国际皮划艇联合会）在摩洛哥马拉喀什举行的理事会议上宣布，中国绍兴成功获得皮划艇马拉松2017年世界杯和2019年世锦赛的承办权，绍兴也成为了中国第一个获得这两项赛事承办权的城市。

2015年10月，首届中国皮划艇名校赛在浙江丽水南明湖拉开战幕，共有来自全国22所院校的近200名选手参与本次赛事。这也是国内第一次由国家体育总局水上运动管理中心和中国大学生体育协会合作举办的高校皮划艇名校赛。

我国民间休闲皮划艇事业方兴未艾。上海、杭州、宁波、广州、福州等地已经建立起近80家俱乐部，参与水上运动的普通人越来越多。

2016年1月，中国皮划艇协会年会在北海召开，民间休闲皮划艇俱乐部代表及高校皮划艇代表参加了此次会议，这也是第一次不仅仅研讨竞技皮划艇的年会，皮划艇运动如何在大众中更好更快地发展也是会议的重要议题。会议期间，中国皮划艇协会和民间休闲皮划艇组织思想统一，为中国皮划艇事业的发展提出了很多建设性的意见。

（三）与美国皮划艇运动的比较

截至2014年，有280万美国人参与皮划艇运动，占美国人口总数的百分之一。所有年龄段的参与者都有所增加。例如木筏划水这项运动就深受青少年喜爱，超过四分之三的青少年参与者是男性，参与者多居住在美国的太平洋沿岸地区。

根据美国2014年的调查统计，此运动的参与者每年平均皮划艇出行次数为5次。其中出行1～3次最为普遍，占比约54%，剩余人群中，4～5次、6～11次、12～13次、24次以上的占比差距不大，这些人全年总共出行了1 370万次。由此可见，美国皮划艇爱好者已经把这一运动融入他们的生活中了。

除此以外，在美国，皮划艇参与者这一群体跨越各个种族、年龄段、学历层次和地区。参与者的性别比例接近1:1；其中本科及以上学历者占据了约70%，高中在读及以下则占了23%，可见年龄、学历并不是限制皮划艇运动开展的因素。不同性别和教育程度的人完全可以在适当的年龄参与皮划艇运动、适当培养自己的兴趣爱好，积累皮划艇出行经验，将这一运动作为自己生活中的一项健康自然的活动方式。

首先，从参与目的上看，大部分划艇者，无论参与的艇种如何，都有一个重要的目的，就是要到户外锻炼。其次，真正积极参与皮划艇的人是为了更多地和朋友家人们待在一起。这些参与者坚信，保持身体健康有助于他们和家人、朋友相处更为和谐，尤其是可以培养其自信心和团队精神。

与之相比，我国参与皮划艇运动的人群较为单一，以年轻男性居多、职业竞技体育比重更大，年轻人接触过此项运动的比重远远小于美国。

由此可见，我国皮划艇运动发展空间广阔、发展潜力大。我国的皮划艇运动应向着“竞技与娱乐结合、人群分布广泛”的方向发展。

第二章

皮划艇分类与装备

第一节 皮划艇分类

一、按起源区分

皮划艇运动（kayak and canoe）可以分为皮艇（kayak）和划艇（canoe）两个项目。皮艇起源于格陵兰岛上的因纽特人所制作的一种小船，这种船用鲸鱼皮、水獭皮包在鲸鱼或者其他动物的骨架上，用两端有桨叶的桨划动。划艇则起源于加拿大的印第安人，因此又称加拿大划艇。（图2–1）

图2–1 加拿大划艇

二、按专业与否区分

根据专业程度，皮划艇分为竞技皮划艇和大众皮划艇（公开水域休闲皮划艇）。

（一）竞技皮划艇

为了提高速度，竞技皮划艇底部比较突出且比大众艇圆，速度快，稳定性差，入门新手很难在艇上保持平衡。中国皮划艇协会承认的正式舟艇种类见表2–1。

表 2–1 中国皮划艇协会承认的舟艇种类

舟艇种类	K1	K2	K4	C1	C2	C4
最大长度（厘米）	520	650	1100	520	650	900
最轻重量（千克）	12	18	30	14	20	30

K1即kayak 1的缩写，意指单人皮艇（图2–2）；K2则指双人皮艇；K4则指4人皮艇。C1即canoe 1的缩写，意指单人划艇（图2–3）；C2则指双人划艇；C4则指4人划艇。

图2-2 单人皮艇

图2-3 单人划艇

在结构要求上，竞技皮划艇的结构必须是灌满水后仍能浮于水面。船体横切线和纵切线应凸起（仅水平和垂直方向）。甲板的任何水平点不得高于第一座舱前缘的最高点。艇身上不可外加附着物，不能有可以拆卸下来用于帮助艇推进的部分（包括座位与脚蹬）。其中，皮艇可有一个舵且必须置于船体下方，艇应设计为内坐型（皮艇型）而不是外坐型（冲浪滑水型）。划艇则必须沿其纵轴线对称制造，不得设置舵或任何导航装置。C1和C2艇可以完全敞开，最小敞开度为280厘米，艇的边缘（艇舷上缘）可沿整个限定的敞开处向艇内延伸5厘米，整艘艇最多可有3个加固条，每个加固条的最大宽度为7厘米。C4艇可以完全敞开，最小敞开长度为390厘米，艇的边缘（艇舷上缘）可沿整个限定的敞开处向艇内延伸6厘米，整艘艇最多可有4个加固条，每个加固条的最大宽度为7厘米。

（二）大众皮划艇

大众皮划艇宽度（艇最大宽度）通常大于50厘米，其长宽比小于10。比如某艘艇的长度为530厘米，它的宽度为54厘米，长度除以宽度为9.81。其底部较平，稳定性强，速度比竞技艇慢，比较适合新手入门及大众娱乐时使用，长途旅行也主要选择此类艇。大众皮划艇由于不用于竞技，因此其造型没有严格界定标准，各种造型都有，但稳定性强，易于操控是其最大的特点。

三、按划艇水域区分

皮划艇按划艇水域分为静水皮划艇、白水皮划艇与全水艇。

（一）静水皮划艇

静水皮划艇通常是指在1级以下水面使用的艇只。（图2-4）

图2-4 静水皮划艇

（二）白水皮划艇

“白水”一词直译自英文“whitewater”一词，之所以用这个词，而不用“激流”一词，主要是因为大多数中国人一提到激流只想到山涧中的溪流，而白水泛指所有呈现白色水花的水面，包含激流，也可以指瀑布、海浪，甚至包括花式艇在静水中做花式动作而溅起的白色水花。

1.激流回旋障碍竞赛艇

这种皮艇操作性很好，体积极小，边缘很锋利，甲板很低，以便于在比赛中顺利通过障碍门。其长度不超过380厘米，通常用复合纤维制成，重量非常轻，但是长期使用的话，其耐用性就成了问题。

专业激流回旋障碍竞赛艇的器材共有三种型号，规格尺寸不同。皮艇长度最小350厘米、宽度最小60厘米，单人划艇长度最小350厘米、宽度最小65厘米，双人划艇长度最小410厘米、宽度最小75厘米。

艇的最轻质量（以艇处于干燥状态时的质量为准）：单人皮艇9千克，单人划艇10千克，各种型号的双人划艇均为15千克。艇上的装饰是附件，不是艇的一部分。参赛艇的艇头和艇尾部分的最小半径，水平方向为2厘米，垂直方向为1厘米。艇上不允许装舵。

皮艇由运动员坐在舱内用双叶桨划动（图2-5）。划艇由运动员跪在舱内用单叶桨划动。图2-6为划艇运动员正在努力通过门。

图2-5 激流回旋障碍竞赛运动员和皮艇

图2-6 划艇运动员过门

2.激流竞速艇

这种皮艇水线稍长，其作用就是利于在湍流中竞速。大多数艇的两边较圆润，从而让它们在穿越强漩涡或者冲浪时更容易。这类艇可选择的长度和体积范围很大，能满足划手的不同体形。耐用性是必须考虑的问题，在激流中的高强度比赛对于艇来说也是一种考验，因此，这类艇通常选用滚塑方法制造。（图2-7、图2-8）

图2-7 激流竞速艇

图2-8 比赛中的激流竞速艇

3.冲浪艇

冲浪艇是专门用于冲浪的皮艇，长度在250厘米左右，宽度在60厘米左右，容积小，便于操控。（图2-9、图2-10）

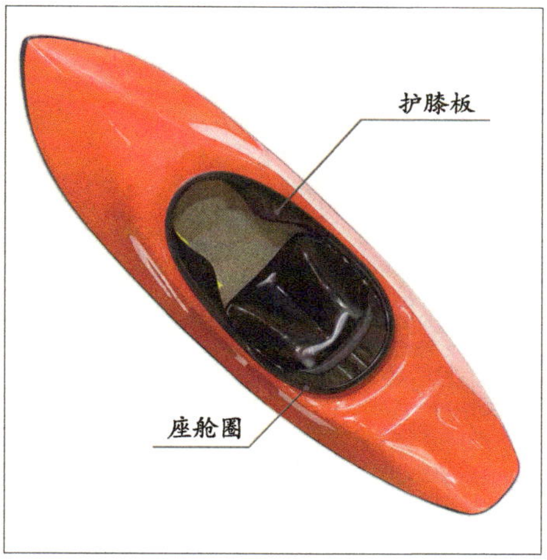

图2-9 冲浪艇俯视图

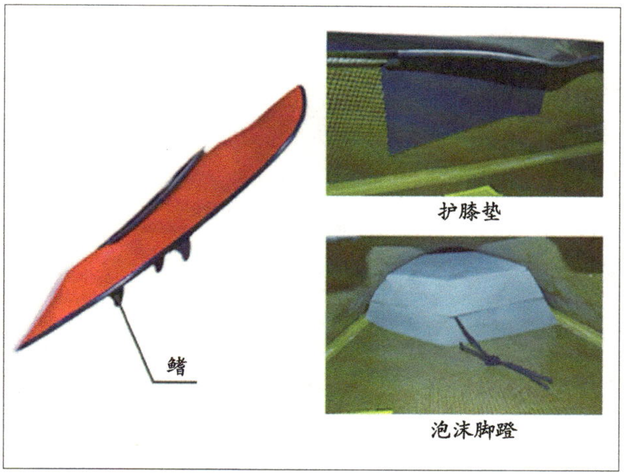

图2-10 冲浪艇细节图

4.冲浪橇

冲浪橇艇身细长，长度通常在600厘米左右，宽度在45~55厘米，敞开式。速度极快，便于冲浪，难度大，适合4级以上划手。（图2-11）

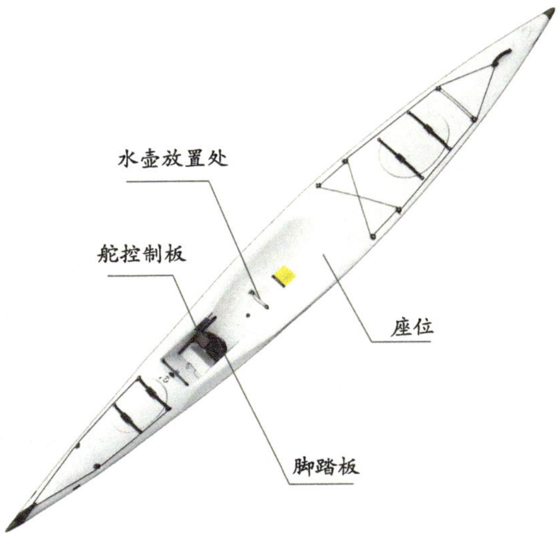

图2-11 冲浪艒

5.花式艇

在皮划艇运动中，花式艇算是一种新兴的运动。1999年，加拿大百途皮划艇公司（RLOT KAYAK）发明了第一艘现代意义上的花式艇Disco，在这之后的十几年当中，又出现了多种款式的花式艇。它是一种比较小型的皮艇，其容积小、长度短，适合做花式动作（前空翻、大风车、艇头艇尾直立等），一般长度为175～210厘米，容积为41～60加仑（1加仑约为3.785升）。花式艇通常艇头艇尾设计上都比较扁，所以容易把艇头艇尾插入水中，适合做艇头立（Bow stall）、艇尾立（Stern stall）及大风车（Cartwheel）；设计得比较扁的同时也减少了容积，有利于更好地做腾空（Aerial base）、空翻等动作。因为艇头、艇尾容易插入水中所以很不稳，需要有非常好的操控技巧。（图2-12）

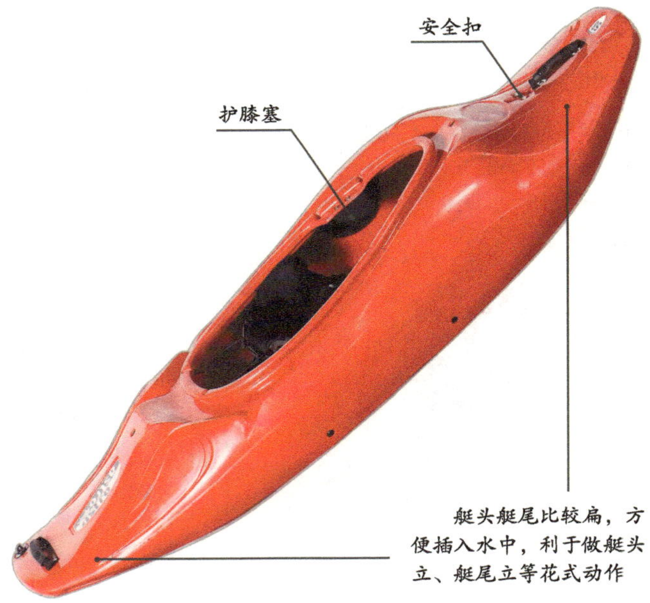

图2-12 花式艇

6.白水艇

白水（非赛道）艇体容积较大，适合水况复杂、白水达到2级以上的水域。这种艇一般长度为220～300厘米，容积为65～80加仑。白水艇可以再细分为两种：一种为河流艇（river running）；另一种为溪流艇（creeking），通常河流艇的容积大约在65加仑，适合在3级以下的水域划行，而溪流艇容积为74～85加仑，4级以上的水域和极限挑战建议使用溪流艇（但这只是对新手的建议，具体什么艇用在什么样的水域主要还是取决于划手的个人能力）。（图2–13）

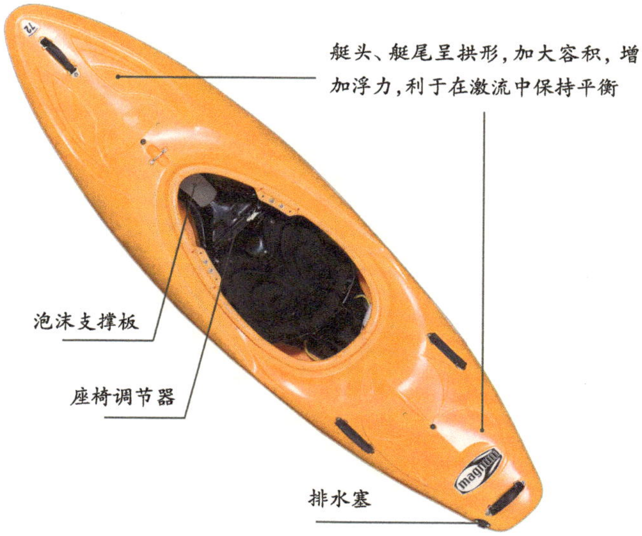

图2–13 溪流艇

河流艇与溪流艇的区别：河流艇前后舱容积较小，适合汹涌但少礁石的宽大白水水面，因其容积小、吃水浅，更易冲浪。溪流艇前后舱容积较大，在激烈的白水中更稳，适合最汹涌的多礁石的溪流，如香蕉般的艇形在激流中更容易穿过礁石。（图2–14）

① 河流艇俯视图

②溪流艇俯视图

图2–14 河流艇与溪流艇示意图

河流艇底部较平，更适合在宽大的水面上随波逐流且方向更灵活；入水线没有那么

深，速度要慢些。溪流艇底部是尖的，像锥体，吃水更深，排水量大，速度更快、更刺激。（图2-15）

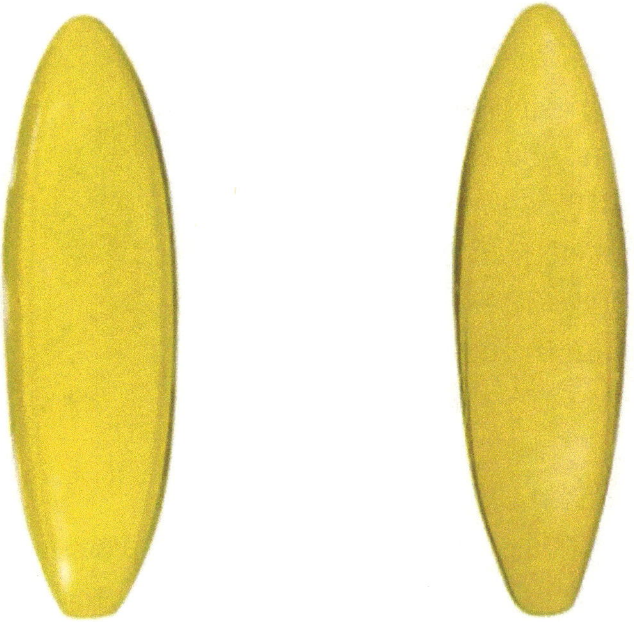

①河流艇底部　　②溪流艇底部

图2-15　河流艇与溪流艇底部示意图

（1）浮性。溪流艇往往属于排水型艇（Displacement Hull），其前后舱容积比河流艇容积更大一些，浮性更好一些。在各种装载情况下，浮于水中并保持一定的吃水能力，溪流艇首尾吃水的能力相对来说更好，特别是最激烈的白水上层尽是泡沫，更大的容积能保证更大的浮性。

（2）稳定性。这里讲的稳定性是指船受外力作用离开平衡位置而倾斜，当外力消失后，船能恢复到原平衡位置的能力。溪流艇船宽、吃水更深、重心低，使其在最激烈的白水中归正的能力更强。

（3）抗沉性。抗沉性是指船体水下部分如发生破损，船舱淹水后仍能浮而不沉和不倾覆的能力。溪流艇前后舱容积大，所用充气气囊更大，抗沉性更强。溪流艇冲撞岩石的可能性大大增加，所以其材料在理论上要用比其他所有艇都更结实耐撞。

但河流艇也不是一无是处，大部分的河流艇属于滑水型皮划艇（Planning Hull），也就是它的底稍显平一些，当然没有花式艇与冲浪艇那么平，在大江大河的宽大白水中方向更易操控，更容易做各种技巧动作。遇到紧急情况要避险时，可以更容易进入洄水区。而溪流艇则会被水往前再冲一段距离才能进入洄水区。因此，河流艇使用起来难度较小，比较适合初学者。

河流艇的容积小，吃水线浅、平底使其更易在宽大的白水中“随波逐流”，更易冲浪。同时，河流艇由于体积小，更适合中国人的体形。

当然这些都是相对而言，冲浪艇比花式艇容积更小，吃水更浅，底更平，更容易做各种技巧动作。

7. 白水划艇

使用这一类划艇，划手通常都是跪于舱中，以单桨划动。前后舱填充浮物，以保证足够的浮力。（图2–16、图2–17）

图2–16 跪于舱中划艇

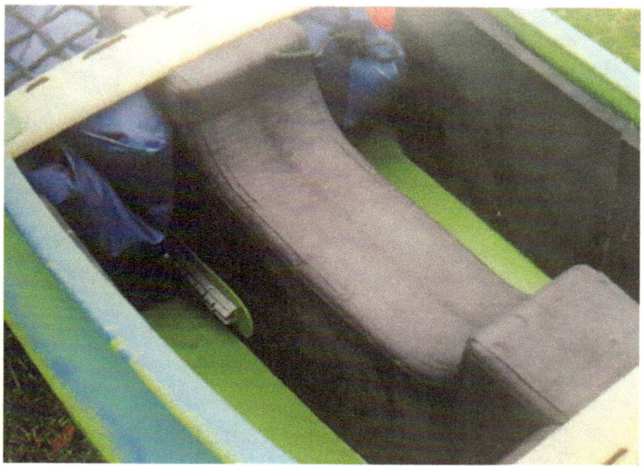

图2–17 浮物

（三）全水艇

全水艇是既可以用于静水也可以用于白水的皮划艇。溪流艇要过很多岩石，其上曲率较高，水线较短，在静水中速度慢。而花式艇为了方便做花式动作，造型比较短、比较紧凑，因此其在静水中速度就更慢了。但实际使用过程中，可能会遇到一种情况，就是一位划手在一条大河中漂流，每过一个滩之后，他需要划很长一段静水才可能到达下一个险滩。如果用很短的溪流艇或者花式艇，划大段的静水是非常辛苦且无聊的，所以为解决这一问题，全水艇应运而生。它通常长3米左右，艇型不像溪流艇那么圆，底部比溪流艇尖，艇头与艇尾也比较尖一些，水线比较清晰也较长，循迹性更强，因此它在静水中可以保持一定的速度。它的容积比溪流艇大，但在溪流中也有过岩石的能力，在遇见大的险滩时，它的稳定性又是有保障的，而且往往在其座舱后设有一个贮物舱，可以放置1～2天的食物来支持较长距离的漂流，适合在既有白水又有大段静水的河流中长途旅行。（图2–18）

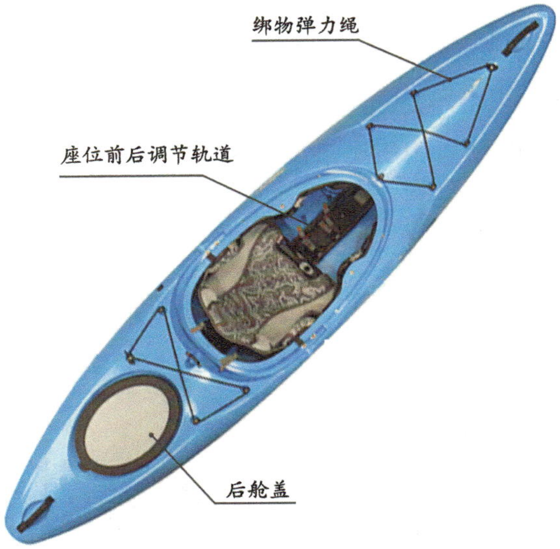

图2-18 全水艇

全水艇底部线型保留了溪流艇的通过性，艇身加长，提高了速度，兼顾了激流过滩与长途旅行两项功能。

四、按材质与制作方法区分

皮划艇按材质与制作方法可分为滚塑艇、吸塑艇、复合纤维艇、折叠拼接艇、充气艇。

（一）滚塑艇

现在市面上最常见的是滚塑方法制作的滚塑艇，其原材料为聚乙烯（英文简称为PE），主要分为线性低密度高压聚乙烯（英文简称为LLDPE）与线性高密度聚乙烯（英文简称为HDPE），还有少数使用中密度聚乙烯（英文简称为MDPE）。入门级的静水艇通常使用LLDPE，而海洋舟与白水艇则通常使用HDPE制作，以保持其强度与韧性的同时，又减少其重量。也就是说，使用HDPE可以用更少的原材料制作强度与韧性更强的皮划艇。滚塑艇也是市面上最结实的艇。（图2-19）

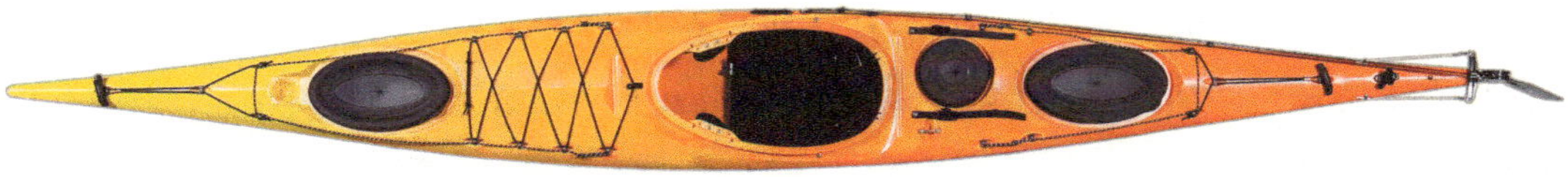

图2-19 滚塑艇

（二）吸塑艇

吸塑艇使用抽真空的方法分别制作甲板与船底，然后将其上下合体，其原材料通常为丙烯腈-丁二烯-苯乙烯共聚物（英文简称ABS）。其特点在于质量较滚塑艇轻很多，介于滚塑艇与碳纤维艇之间，比玻璃钢艇轻，但没有玻璃钢与碳纤维艇的纤维过敏问题；其强度不如滚塑艇，但比复合纤维艇强；无表面油漆或者胶衣脱落问题；表面光滑度是所有材料中最好的。（图2-20）

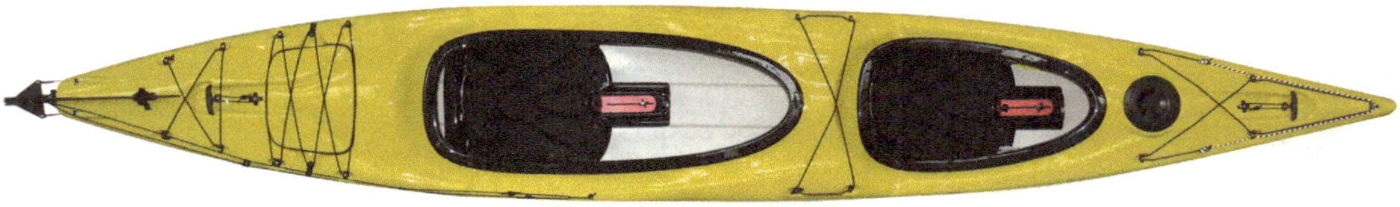

图2-20 吸塑艇

（三）复合纤维艇

复合纤维艇通常包括玻璃钢艇、碳纤维艇等。（图2-21）

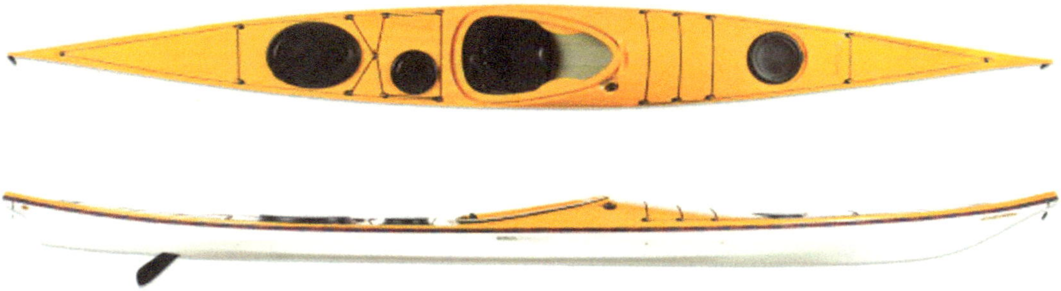

图2-21 复合纤维艇

1.玻璃钢艇

玻璃钢艇是把玻璃纤维布放入模具中，倒入树脂，一层一层叠加，最后抽真空而成（此时加热可提高成型速度）。其特点是较滚塑艇轻，但质量又高于凯夫拉（聚对苯二甲酰对苯二胺纤维）、碳纤维艇。

2.碳纤维艇

碳纤维艇制作方法与玻璃钢艇类似。实际生产中纯粹的碳纤维艇很少，通常都是凯夫拉与碳纤维艇或者是蜂窝材料与碳纤维制成的复合材料艇，这种艇是纤维材料艇里强度最好的，其质量比玻璃钢艇轻很多。

一艘复合纤维艇通常由多种不同材料组合而成。（图2-22）

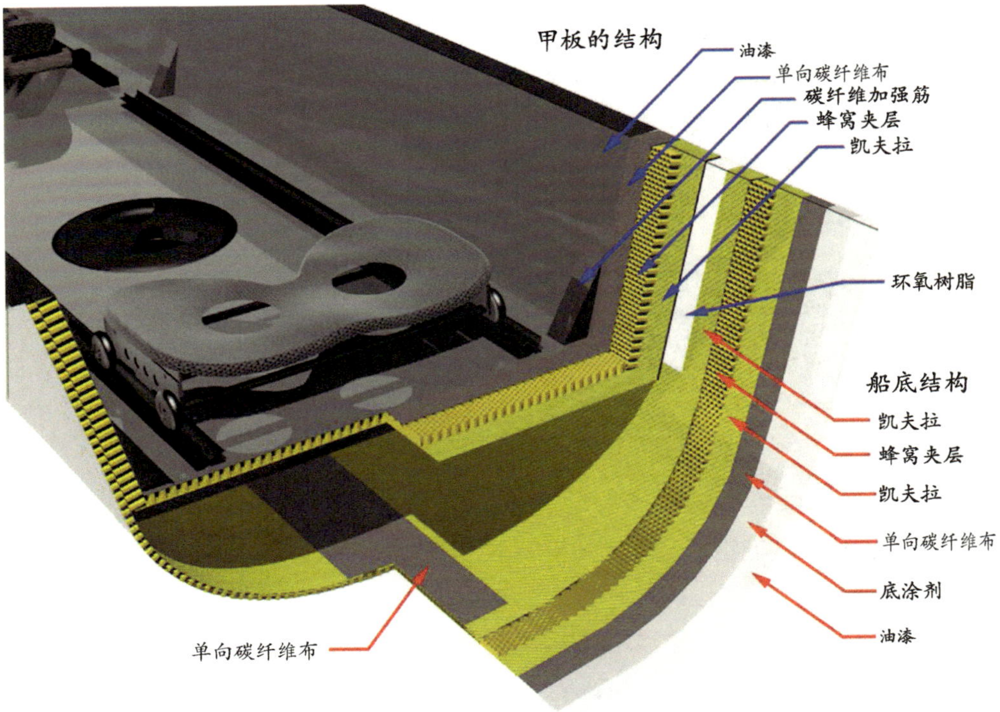

图2-22 复合纤维艇材料组合

（四）折叠拼接艇

拼接艇由已经生产好的两个或者多个模块组成，组合速度快，但控艇相对困难。

（五）充气艇

充气艇通常由聚氯乙烯（PVC）布或者橡胶布制作，又分为小型充气艇与漂流筏等。

1.小型充气艇

小型充气艇携带非常方便，组合也简单，适合家庭、亲子或者单人、双人短途旅行。但操控性相对硬艇稍弱，材质相对硬艇来说使用年限较短。（图2-23）

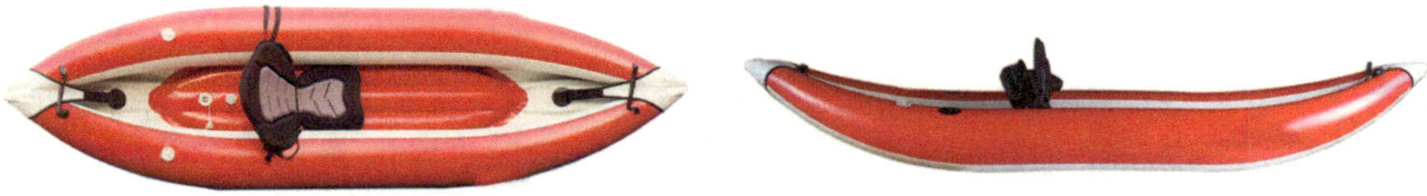

图2-23 小型充气艇

2.漂流筏

漂流筏适合于大江大河漂流，又分为三种：橹桨船（Oar Boat）（图2-24、图2-25）、大排筏（排桨船）（Paddle Rafts）（图2-26、图2-27）、香蕉船（Catarafts）。

图2-24 橹桨船①

图2-25 橹桨船②

图2-26 大排筏在湍流中

图2-27 大排筏

3. 香蕉船（Catarafts）

香蕉船是由两个条形充气囊作为浮力支撑的，其阻力小，速度是漂流筏中最快的，也是最灵活的，因此适合于在3级以上水域中进行白水救援。（图2–28）

图2–28 香蕉船

五、按使用方法区分

皮划艇按使用方法可分为钓鱼艇、皮艇球、站立式划艇（桨板）（英文简称SUP）。

（一）钓鱼艇

钓鱼艇是专门为钓鱼爱好者设计的大众艇，增加了钓鱼架、饵料盒、锚架等，便于在水上进行钓鱼活动，以平台舟居多。（图2–29）

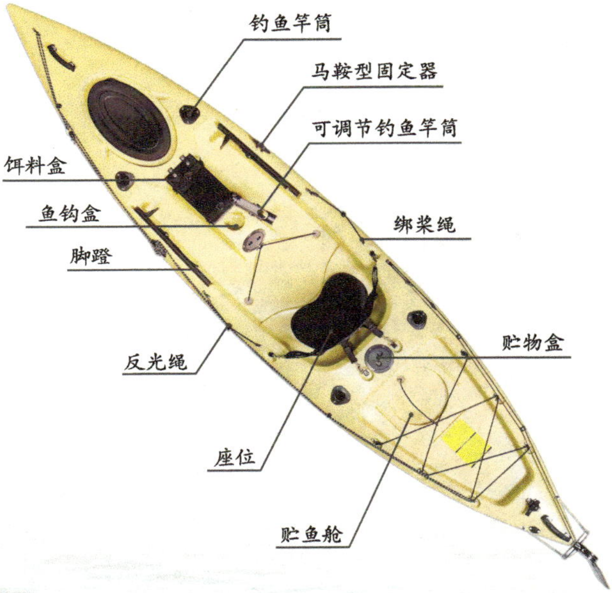

图2–29 钓鱼艇

（二）皮艇球

皮艇球在中国台湾称为轻艇水球或者皮艇水球。它是一项对抗激烈的运动，每队最多有5名球员上场比赛，在标准泳池、湖泊等静止水域标示场地内进行，比赛共分上下两个半场，各 10 分钟。它需要高超的划桨及控球技巧，还可以允许选手们推挤对方球员使其翻艇、碰撞或攀上对方的皮艇，场上可常见逐球狂奔的刺激画面。（图2-30、图2-31）

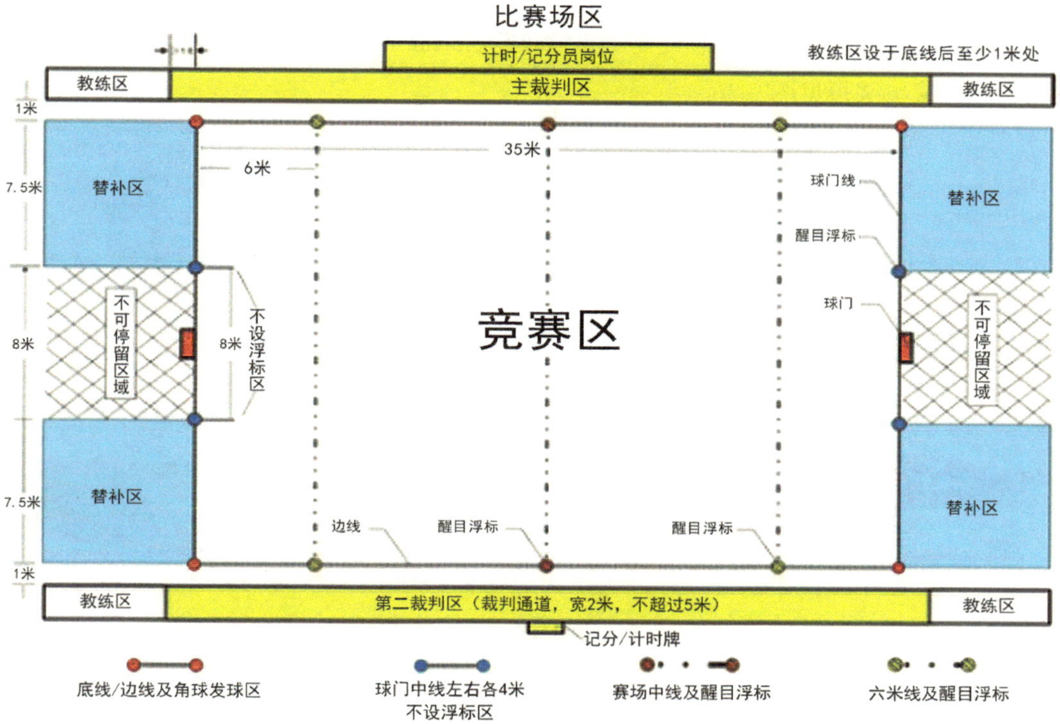

图2-30 皮艇球比赛场地示意图

皮艇球竞赛注重个人攻防技巧、团队攻防战术及专项速度等多项要素。针对皮艇球运动专项能力的需求，球员以专项训练方法为途径，借由专项训练方法来提升竞技能力。

图2-31 皮艇球比赛现场

（三）站立式划艇（桨板）

“站立式划艇”一词来源于英文“Stand up Paddle Board”，其使用方法通常为站在类似冲浪板的装置上，使用长的单叶桨划动。

站立式划艇还分为大众桨板、竞速桨板、钓鱼桨板及白水桨板。近年还出现了瑜伽桨板，顾名思义就是在这种桨板上面练瑜伽。大众桨板用于静水短距离大众休闲游玩（图2–32）；竞速桨板用于静水竞速，长度通常达到5米以上（图2–33）；而白水桨板主要用于激流与冲浪；钓鱼桨板通常装配椅子与活鱼箱，以路亚钓法为主（图2–34）；白水桨板见图2–35；瑜伽桨板见图2–36。

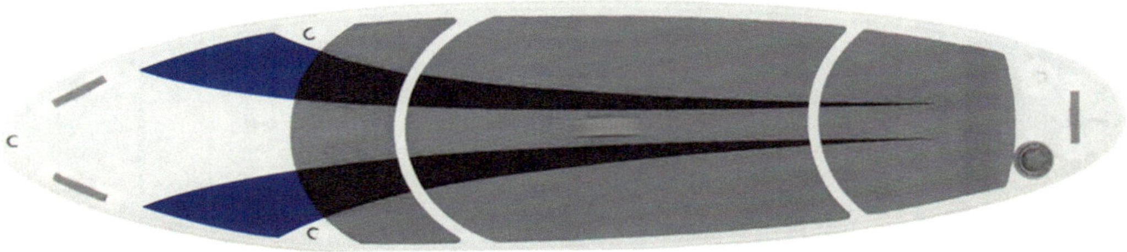

图2–32 大众休闲桨板

图2–33 竞速桨板

图2–34 钓鱼桨板

图2–35 白水桨板

图2–36 瑜伽桨板

六、按旅行距离区分

皮划艇按旅行距离可分为海洋舟和中短途旅行舟。

（一）海洋舟（长途旅行舟）

海洋舟艇身修长，一般为4.2米以上，除了双人艇宽度小于0.65米外，其宽度通常在0.58米左右，带尾舵或者鳍，易于控制方向，适合长距离旅行。海洋舟容积大，通常为350升左右；承重大，通常达到150千克以上。前后至少有两个贮物舱，由隔舱板隔开，既可以贮物，又可以在翻艇时帮助艇浮于水上，便于自救。这两个贮物舱可以存放大量物资，甚至帐篷、睡袋及野餐工具等全部装上，可以支持一个星期以上的海洋长途旅行，也适用于大江、大河、大湖泊行驶。通常在座舱前或者座舱后、划艇者手够得到的地方会设置一个小型圆形舱（Round Hatch），以便于拿取常用的东西，如水、指南针、通信装备、少量食物等。

海洋舟在不太熟悉的开放水域中可以航行很大的范围。许多海洋舟的艇体头部很尖，且外倾上翘，这样更容易穿越大浪，而另外一些则带有爱斯基摩式的上翘艇尾。很高的甲板可以保证排水，较低的板型则可以将风力影响最小化。船的尾鳍可以提高循迹性，而舵可以帮助划手控制方向。（图2–37）

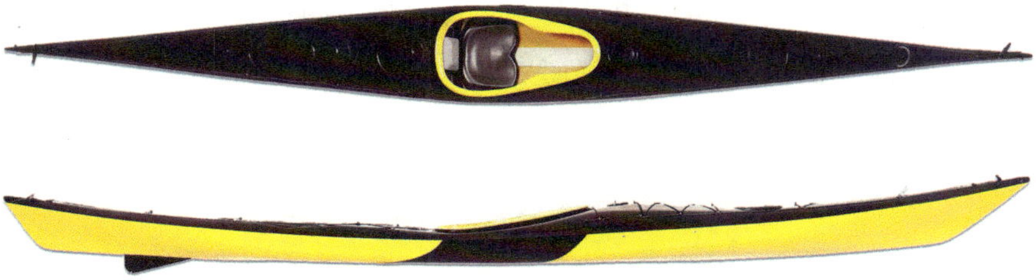

图2–37 海洋舟

（二）中短途旅行舟

中短途旅行舟长度在2.8～4.2米。

短途旅行舟通常只有一个贮物舱，放少量物资，底部较宽，非常平稳，但速度比较慢，适合4个小时以内（或者20千米以内）的短途旅行，适合1级划手。（图2–38）

图2–38 短途旅行舟

中途旅行舟通常在艇首与艇尾设置两个贮物舱，放置的物品可以支持一天内中短途旅行，如果是在人口比较集中的地区，后勤有保障的话，也可以支持过夜的划行活动。但通常人们会使用其参与8个小时内（40千米内）的划行活动。（图2-39）

图2-39 中途旅行舟

中短途旅行舟在2级或更低一点等级的激流中也会用到。它们的曲率摇杆角度适中，艇头较尖（是为了穿透水浪而不会影响到方向的稳定性）。

七、按座舱是否敞开区分

皮划艇按座舱是否敞开分为皮艇、划艇（独木舟）与平台舟。

皮艇是座舱密封式艇，而划艇是敞开式艇。平台式独木舟（简称平台舟）是敞开式艇，使用皮艇桨，而且多用于大众方面，其最初设计目的是让爱好者更亲水，但也有很多划手用平台舟冲浪。目前，国外的趋势是将平台舟改装为钓鱼艇，而国内则将其加大、加宽，中间加一个小的儿童座位，作为亲子艇使用。（图2-40～图2-42）

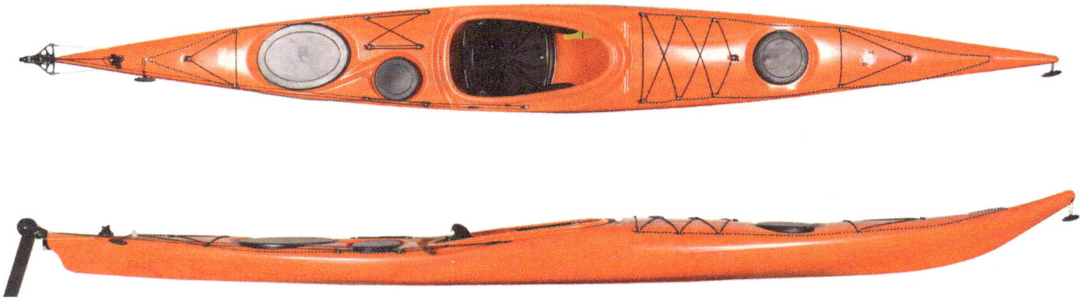

图2-40 皮艇

图2-41 划艇

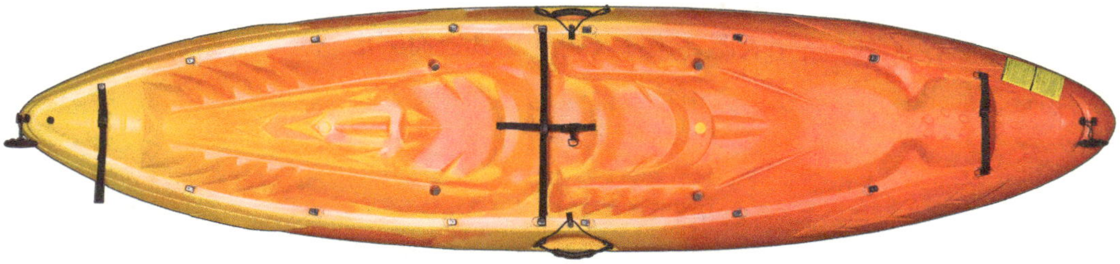

图2-42 平台舟

第二节 大众皮划艇的相关装备

一、 艇本身的配件

好的艇配件可以为划手减少不必要的麻烦，如节省体力，保持身体的温度与干燥，以保证舒适和自身安全。安全的配备需要考虑以下几点。

（一）浮力装备

充足的浮力是最基本的一点，这样在翻艇时不会马上沉入水中，有利于争取时间，便于自救或者等待救援。封闭型艇通常会用泡沫、塑料或者复合纤维材料制作的隔舱板将艇身分割成多个舱室。形成多个舱室后有两个作用：一是除了座舱以外都可以贮物，但其最主要的作用是翻艇后减缓艇下沉的速度，主舱进水，贮物舱不进水，艇不会沉，救援时也轻松多了；另外一个作用是支撑艇甲板，使之不容易变形。如果不能安装隔舱板，可以在前后安装充气的安全气囊。开放型艇也可以安装可充气的安全气囊、泡沫或者塑料隔挡，加大浮力。浮力越大，翻艇之后排开的水就越多，就越容易获救。（图2-43、图2-44）

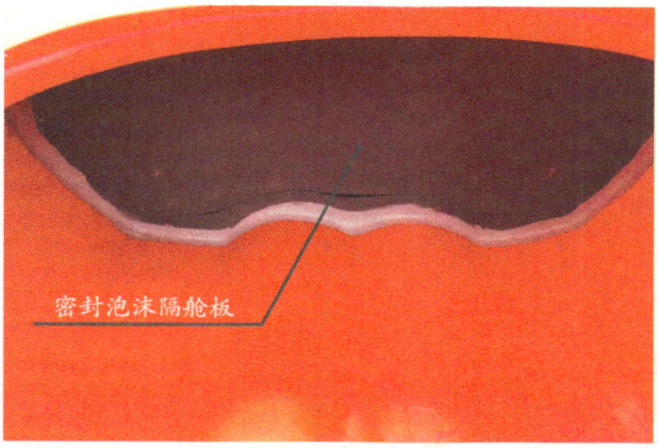

图2-43 隔舱板

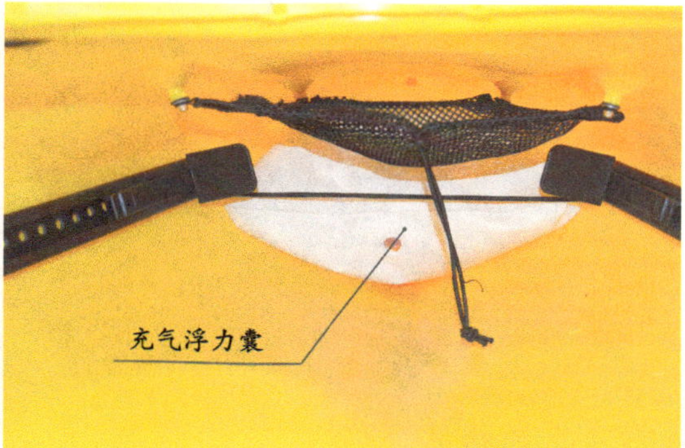

图2-44 可充气浮力囊

隔舱板隔出来的舱室不仅有增加浮力的作用，而且有支撑甲板及贮物功用。椭圆形储物舱主要用于贮存食物、备用衣服、帐篷及野外工具，而圆形舱通常离座舱很近，用于贮存常用物资，如水、少量食物、指南针、抛绳包、急救包等。（图2–45）

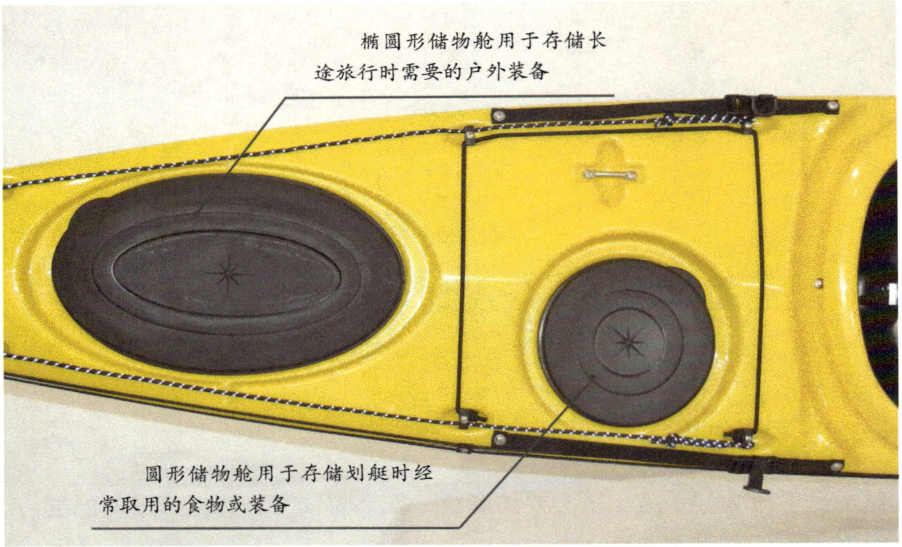

图2–45 舱室用途

（二）弹力绳与反光绳

弹力绳与反光绳一般置于甲板上，使用弹力绳可以很方便地放置常用装备，如水、头盔、抽水泵、备用救生衣、备用桨等。反光绳有两个基本作用：一个是在翻艇后帮助划手更轻松地拉艇、倒水及上艇；另一个作用是在夜晚，反光绳可以标出一个艇的轮廓，以便于别的船只发现水中的皮划艇，也便于晚上翻艇后，其他救援艇找到受困皮划艇。（图2–46、图2–47）

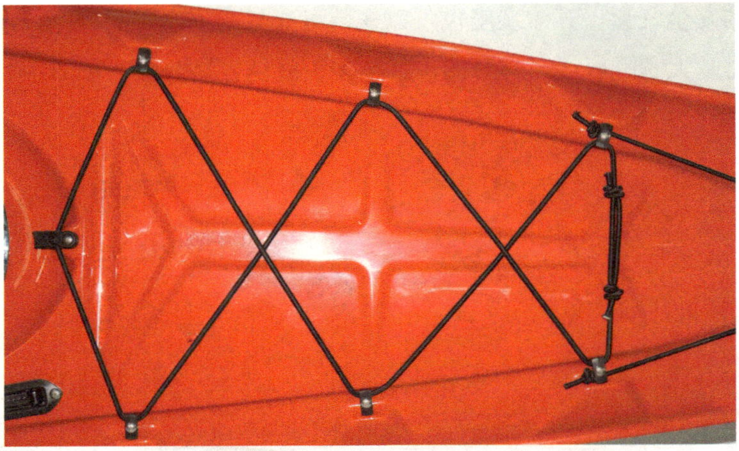

图2–46 弹力绳

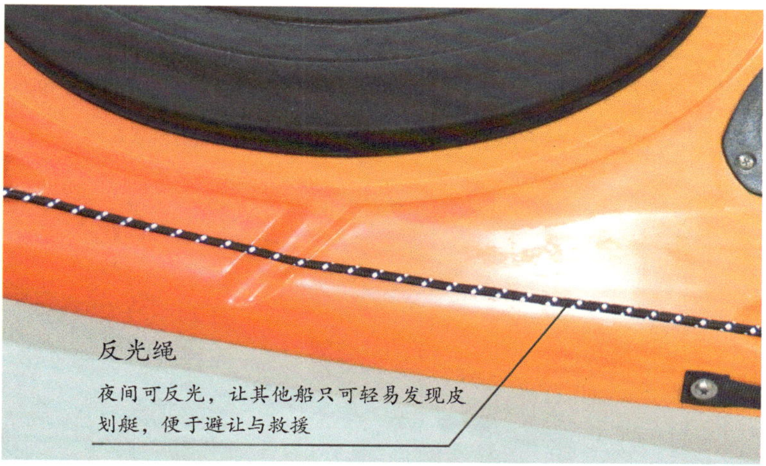

图2-47 反光绳

（三）把手

把手用于搬运及其他艇救援受困艇时将快挂扣上。（图2-48）

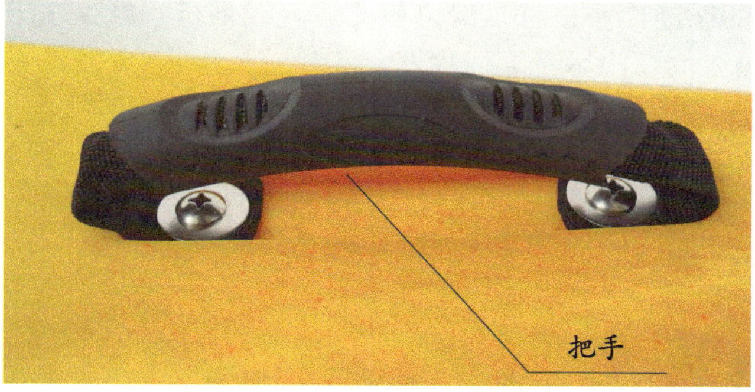

图2-48 把手

（四）安全扣

安全扣用于在陆地上将艇锁住，或者水上其他艇在救援时，将快挂扣在上面。（图2-49）

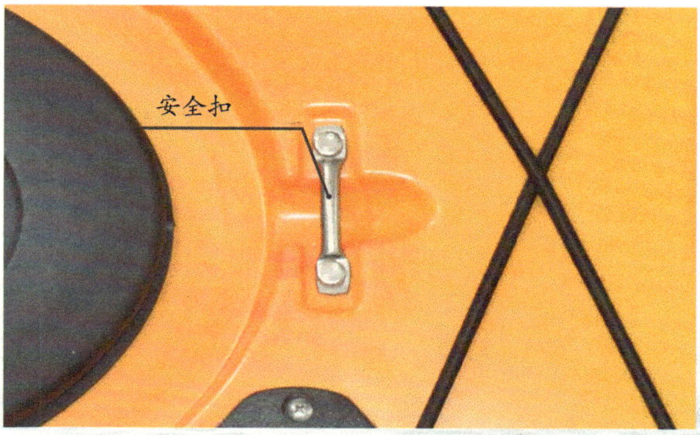

图2-49 安全扣

（五）救生织带扣（安全织带扣）

配备救生织带扣是为了便于自救时将桨插入其中，然后可以更轻松地爬上艇，随后拉开织带扣释放桨，迅速回到安全的划行状态中。（图2–50、图2–51）

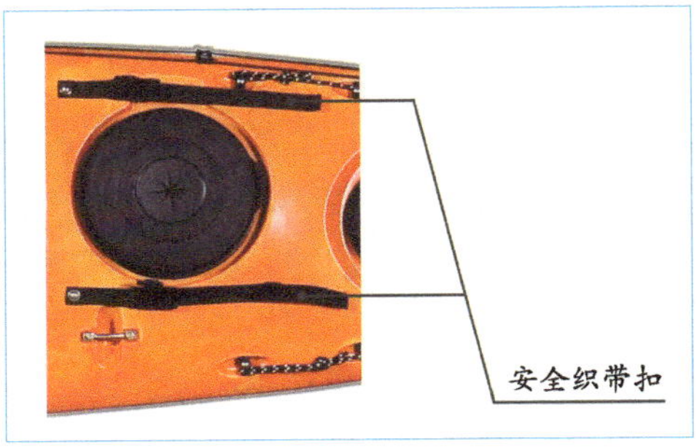

图2–50 救生织带扣

图2–51 自救上艇

（六）鳍

鳍用来保持艇的循迹性，也就是保持艇能够直线划行，减少水下乱流的影响。（图2–52、图2–53）

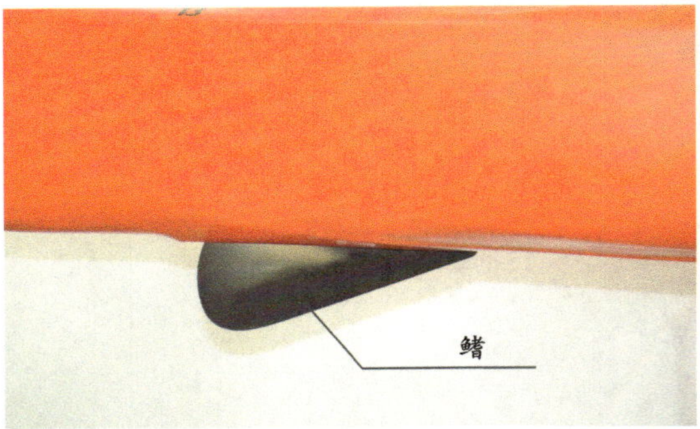

图2–52 鳍

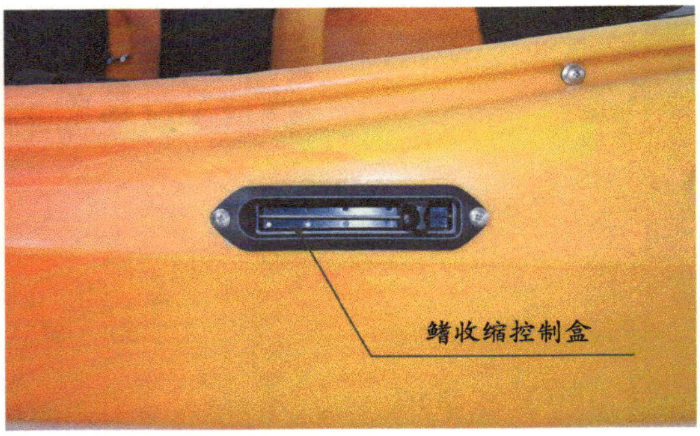

图2–53 鳍收缩控制盒

（七）舵

舵用来控制方向，但在乱流很强的水域，如大湖及大海中更提倡用身体与桨法去控制方向。（图2–54）

脚蹬控制长舵方向

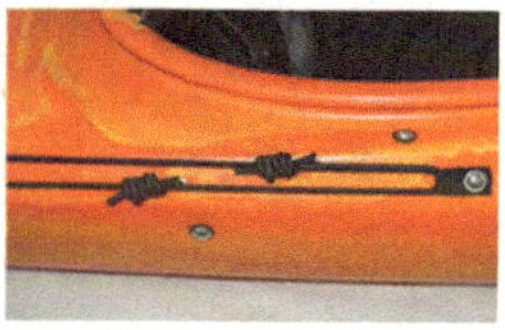

长舵收放绳

舵夹

图2–54 舵的组成部分

（八）排水塞

排水塞通常安装于艇的侧面，海洋舟的每个主要舱室通常都有一个排水塞。（图2–55）

上岸之后，打开排水塞，方便排水。

图2–55 排水塞

（九）髋垫

髋垫主要用于保护髋部。（图2-56）

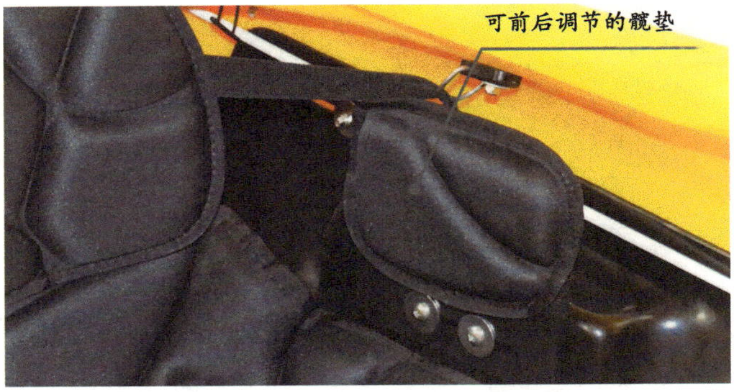

图2-56 髋垫

（十）膝垫

膝垫的作用一是为了保护膝盖，二是当翻艇时便于爱斯基摩翻滚。（图2-57、图2-58）

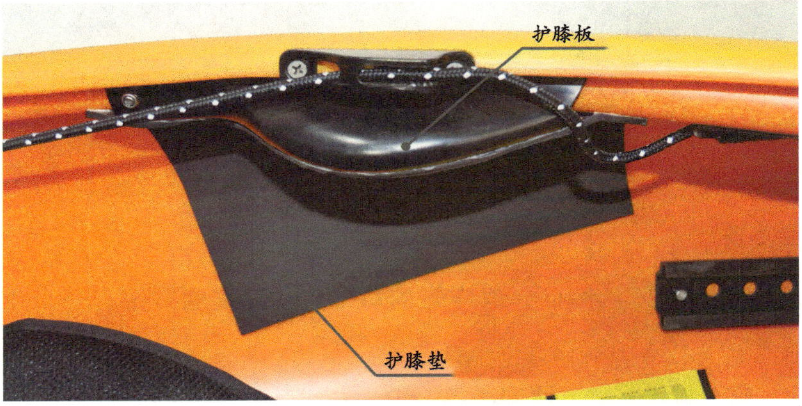

图2-57 护膝板、护膝垫

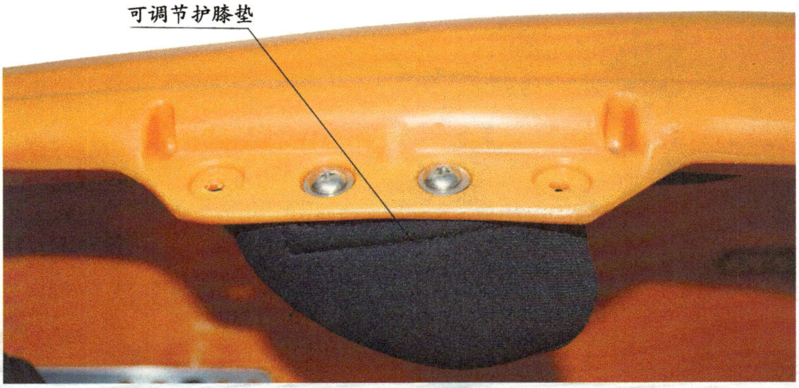

图2-58 可调节护膝垫

（十一）皮划艇的日常保养

想要让皮划艇的使用寿命更长，外表光洁如新，就需要做好皮划艇的保养工作。这里的保养，既需要保护，同时也需要“养”，为了防止皮划艇受到不必要的危害，在放置的时候就应该尽量避开坚硬、粗糙的物体。如果能艇尾朝下直立起来保存最好，这样是最不容易变形的。如果家里没有足够的空间高度来存放皮划艇，可以试着将艇侧放；如果平放的话，下面一定要垫一些软的材料；如果有架子，则尽量选择面朝下放在架子上，因为长时间底部朝下贮放很容易使底部变形，以至于影响皮划艇的循迹性；同时架子上要有软泡沫包裹。皮划艇尽量不要放在室外日晒雨淋，因为长时间日照会使表面材料褪色并变脆，影响整艘皮划艇的寿命。

每次在海洋中使用皮划艇后，都要记得仔细清理，因为海水中含有较多的盐，为了防止盐粒和沙粒对皮划艇的艇身、零部件造成损坏，应该用清水仔细冲洗。如果皮划艇是一体成型的，如平台舟，那么应该做好密封工作，防止海水进入皮划艇内部，加重船身的重量。

皮划艇的舱盖保养也是十分重要的，为了让舱盖周边的舱圈更容易装卸，可以均匀涂抹一点硅油。

做好保养工作也是为了防止皮划艇因为自身问题导致安全问题发生，平时多加保养和检查，就可以及早发现存在的安全隐患，提前做好准备。

二、划手携带装备

（一）桨

1.桨的基本组成部分

皮划艇的桨是由两端的桨叶和中间的桨杆组成。（图2-59）

图2-59 桨的组成部分

2.桨的分类

（1）按用途不同分为竞速桨、白水桨与长途桨。

竞速桨通常为瓢形桨（勺子桨），由于其抓水量大，获得的前进力也大。（图2-60）

白水桨的桨通常为平面桨且桨叶较大，可以在充满泡沫的水花中获取更大的推力，且更便于爱斯基摩翻滚。（图2-61）

图2-60 竞速桨

图2-61 白水桨

长途旅行桨也称为长航桨，大部分是平面桨且桨叶较小，推力小，每一次划桨消耗的力量不会太大，以保证划手能够支撑更长的距离。格陵兰桨则是比较典型的长途旅行桨，细且长，浮力大，方便爱斯基摩翻滚。

（2）按桨柄形状分为直柄桨与曲柄桨。

直柄桨比较通用，每个人上手时都可以随意调整握桨的位置，这样，一把桨的通用性就比较强。反之，曲柄桨由于是对于个人量身定做或者按个人手臂长短购买的，一般一把曲柄桨只适合使用它的个人，因为其握桨的位置是固定的。那为什么还要选择曲柄桨呢?因为每个人手掌外侧的“韧带”是弯曲的，划手长时间握曲柄桨后不容易出现疲劳且容易发力。

（3）按材料类别分为木头桨、复合纤维桨和塑料铝合金桨。

从桨叶硬度来讲，复合纤维桨叶最硬，塑料铝合金桨叶最软，木头桨叶介于中间。硬度越大，桨叶获得的推力就越大。（图2-62、图2-63、图2-64）

图2-62 木头桨

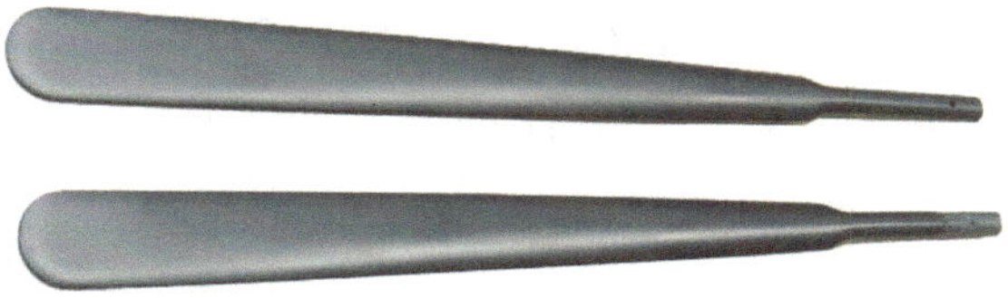

图2-63 复合纤维桨

图2-64 塑料铝合金桨

3. 桨的角度

入门新手的桨叶是处于同一水平面的，是没有角度的，但逐渐熟练之后，通常会选择有角度的桨。这里所谓的桨的角度就是指左右两个桨叶形成的夹角。那为什么要选择有角度的桨呢？因为有角度的桨在划行过程中，一个桨叶在水中划行时，另一个在空气中会平行于前进的方向，减少阻力。要形成这样的效果必须每次划桨时转动手腕，而新手通常不习惯转手腕，当他熟练之后才会慢慢养成这个习惯。（图2-65）

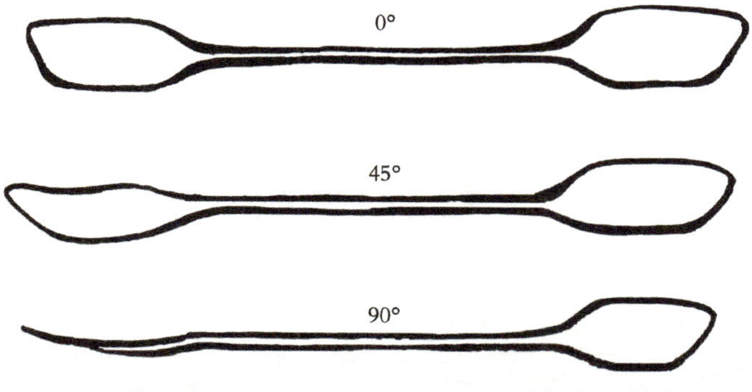

图2-65 桨的角度

4.如何选择适合自己的桨

首先按自己的需要选择桨，比如竞赛就选择竞速桨，玩白水就选择白水桨，长途海洋旅行则选择长途旅行桨。身体强壮且手臂力量较大的划手通常选择桨叶面积较大的桨，但如果手臂力量不是很强的划手使用桨叶面积很大的桨，则会难以控制，而且耗费更多的体力。

另外，由于桨柄的粗细也有区别，要选择方便自己把握的桨柄。高性能的桨一般更轻、更贵，但是不太耐用。在岩石及灌木较多的水域中，应该使用较重和更耐用的桨，如铝合金桨。

（二）救生衣

相对于“救生衣”这个名称，更准确的名称是“个人助浮装置”（PFD）。因为救生衣在水中只是提供浮力，它并不能救落水者，落水者只是借助救生衣的浮力为自己争取获救的时间，通过自身的努力或者他人的帮助，才可以获救。

所有皮划艇救生衣一定要遵循救生衣的基本要求，即胸前的浮力永远要大于背部的浮力，以防止人昏迷时前倾将口鼻没入水中。

1.救生衣的分类

（1）按适用人群分为成人救生衣与儿童救生衣 。

成人救生衣的浮力大于等于7.5千克，肩带的拉力需在80千克以上。

儿童救生衣裆部下面有胯裆带，防止儿童的救生衣不够紧身，落水后救生衣往上跑，而人往下掉。另外，儿童救生衣还有枕垫，儿童落水后头可以靠在枕垫上。（图2–66）

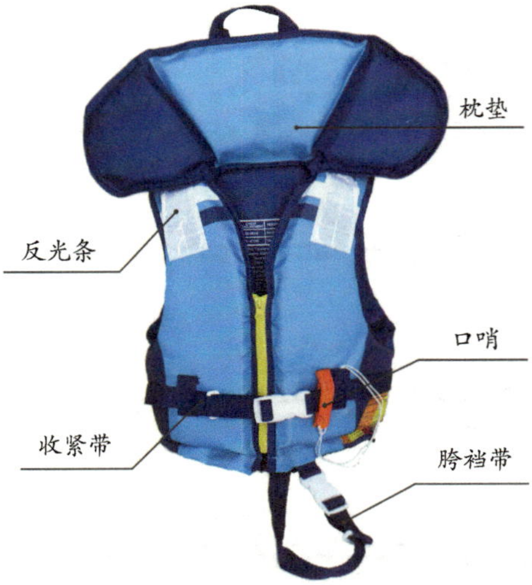

图2–66 儿童救生衣

8岁以上儿童适用救生衣的浮力大于等于5千克，8岁以下儿童适用救生衣的浮力大于等于4千克，肩部的拉力需在50千克以上。

（2）按功能分为静水救生衣、救援型救生衣等。

① 静水救生衣。静水或者2级以下水面都可以穿着静水救生衣。静水救生衣并没有一个非常严格的样式规定，但必须遵循最基本的要求，即主要浮力部件在胸口和背部，肩部通常为肩带式，这样对划手手臂的活动不会造成影响；腰部也必须简洁，因为好的划手是靠腰部转动将下身的力量传导到上身。

② 救援型救生衣。救援型救生衣的最大的特点在于它有一套快解救援系统。快解救援系统由一个快解扣、一根织带、一根救援绳（弹力绳+快挂）组成。（图2-67）

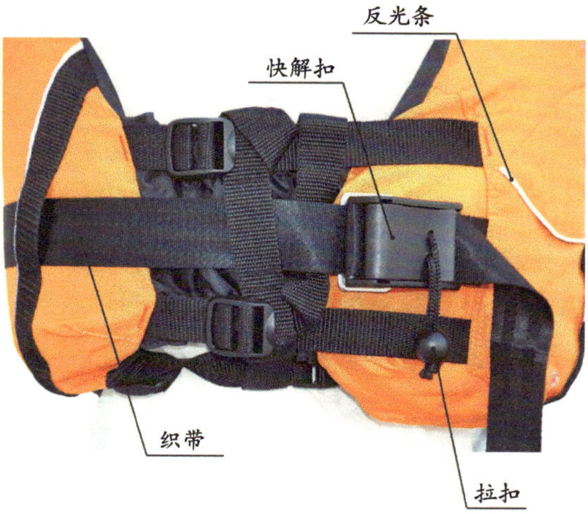

图2-67 救援型救生衣

在救援时，施救者将救援绳上的快挂扣在被救艇上，由于救援绳是有弹力的，因此对于施救者来说会灵活一些。更重要的作用是，当施救者在救援时发觉自己也处于危险之中，施救者可以迅速解开快解扣，将救援绳释放以达到自保的目的。（图2-68）

图2-68 穿戴救援型救生衣救援

（三）服装

穿着合适的服装以避免失温或者中暑，在皮划艇运动中是非常重要的。即使在夏天，很多地方的水温也只有十几度，落水后不能及时自救或者被救，长时间处于低温的水中，极有可能出现失温症。合适的服装能够有效推迟体温降低的发作点，但是也无法完全避免。专业的服装能够有效延长湿身划手的生存时间，这意味着划手能够有更多的时间来让自己脱离危险。

“多层次的服装”这个概念适用于所有户外运动，许多划手会增加几层服装来提高保暖度和舒适度。

1.排汗层

排汗层是最贴近肌肤的一层，这一层比较紧身，用聚乙烯或者真丝材料制作，这样能够将皮肤的湿气传到外层去。（图2–69）

2.保暖层

保暖层处于中间，将接近皮肤的湿气吸收后继续将其排到最外层，同时保持身体的温度。这一层普遍采用的材料是羊毛和新型复合材料，如丙烯酸纤维（Pile and Bunting）。（图2–70）

图2–69 排汗层

图2–70 保暖层

3.保护层

衣服的最外层主要用于防风挡雨。这一层的材料一般采用尼龙或者涂料尼龙类防水布料，如挡风衣，此种服装可以防止溅起来的浪花，但过大的浪和落水是无法防御的。虽然衣服材料为防水材料，但水会从脖领、袖口等地方进入衣服内层，打湿内层衣服或人体。（图2–71）

图2–71 保护层上衣

服装的通常款式是上衣、长裤，在寒冷的情况下，以下两种保护方式是比较流行的。

（1）湿式套装，通常由丁腈橡胶（NBR）与尼龙材料制成。这种衣服贴近皮肤，在衣服与皮肤之间可保持水分或汗水来作为绝缘层。身体活动会使这层加热，丁腈橡胶则会防止热量挥发。对于皮划艇运动，这类服装一般推荐厚度是春秋季1.5毫米，而冬季为3毫米。（图2–72）

（2）干式连体衣（全干衣），主要由防水织物制成，在颈部、手腕和脚踝都有橡胶圈来保证高度密封，保证划手在落水后衣服内层的干爽。（图2–73）

图2–72 湿式套装

图2–73 干式连体衣

半干式夹克通常脖领和手腕有密封，使冷水不会从这些地方直接灌入到衣服内层。通常款式为上衣。（图2–74）

外套可以与防水裙组合成防水套装，腹部为双层设计，这个设计是为了将防水裙套入衣服的内层和外层之间。（图2–75）

图2-74 半干式夹克

图2-75 防水套装

皮划艇运动与其他户外活动一样，并没有非常严格的穿着规定，要根据不同的环境气候情况以及个人的耐受能力而调整穿着方式。

（四）防水裙

顾名思义，防水裙的主要作用是防止水进入座舱内。所有的皮艇都有座舱圈，防水裙套在座舱圈上，确保在翻艇或者通过大浪区时座舱不会进水。

防水裙穿戴的顺序是：抓住腰封从脚下套入，在腰部收紧，然后进入皮艇座舱坐下，将裙尾从座舱后沿扣上，手摸着裙内侧边沿的弹力绳慢慢往座舱圈上扣，直至将救生带扣到座舱前沿，封住整个座舱。穿防水裙切记一点，救生带（救生拉手）一定要放在裙子外面，新手经常会犯这个错误——把救生带塞在里面了，那样的话，一旦翻艇，人扣在水下找不到救生带，脱裙是个非常麻烦的事，很有可能会导致溺水的事件发生，因此所有人必须牢记这一点。

1.静水防水裙

静水防水裙使用莱卡、尼龙加防水涂层制作而成，面料比较轻便，因为它的目的只是挡住划桨时兜起来的水及飞溅上来的水。这种防水裙的腰部也比较松，专业比赛时穿的防水裙甚至没有腰封，因为它会影响腰部的转动发力。宽松腰封的另一个好处是夏天不会太热。（图2-76）

2.白水防水裙

由于白水防水裙是使用丁腈橡胶（NBR）制作的，从腰封到裙面都非常紧，可以将皮艇的舱口紧紧封住。穿上防水裙封住整个座舱后，将腰封包在干衣的内层上，然后将干衣外层再包在裙子上，这样就可以很好地防止水进入。防塌条的用处是，防止在大浪区浪突然打在防水裙上或者翻滚时水压过大，使防水裙意外打开。（图2-77）

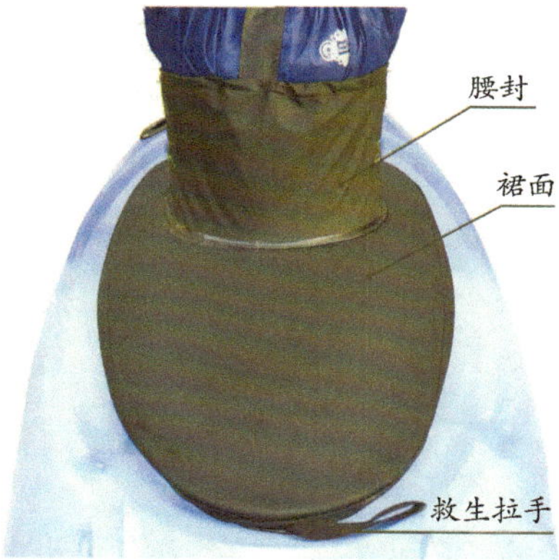

图2-76 静水防水裙

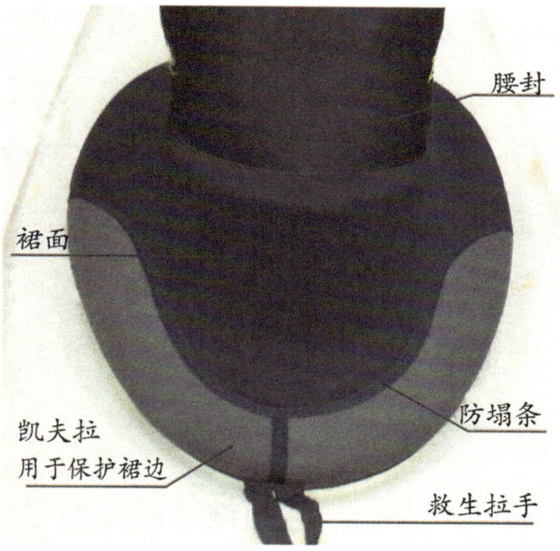

图2-77 白水防水裙

（五）头盔

在静水划行时，一般是不戴头盔的。在大海中，离礁石及海岸较远时可以不戴头盔，但还是建议准备一顶头盔作为备用物资放在艇上。在白水1级以上水域划艇就必须戴头盔，而临近礁石及进入浪区前也必须戴上。一般好的头盔都是多层结构，外层为硬壳层，中间为缓冲层，内层舒适。头盔分半盔、全盔两种。（图2-78、图2-79）

在水浅、石头多的河流中划行，建议使用全盔。

图2-78 半盔

图2-79 全盔

（六）急救装备

教练员在教学或者带领团队旅行时，一定要准备好急救装备，以应对岸上或水上的事故或伤病。而普通爱好者在超过4个小时的中长途皮划艇运动中，特别是出海或者到远离居民区的河流、湖泊中旅行，也必须准备好急救装备。

教练员与领队必须有急救知识，在安全与救援章节中对此内容进行了详细描述。在皮划艇长途旅行时，如果团队中有位急救医生或者外科医生，那么这条线路将更有保障性。

急救装备里一个急救包至少包含服装、药膏、消毒剂、止痛药、急救电话号码，以及每位参加者的健康档案。有特殊健康考虑的参与者，例如，对蚊虫叮咬过敏等，最好在急救包中带上自己的药。

（七）救援装备

每个人出行时必须携带救援装备以应对旅途中未知的危险，特别是旅行时间超过4个小时或者划行距离超过40千米以上的中长途旅行，下面所列救援装备必须配齐。

1. 救援绳包

救援绳包是救人或救船必备，通常分为拖绳包与抛绳包，长度一般为15米或者20米。图2-80、图2-81）

图2-80 救援绳包（1）

图2-81 救援绳包（2）

拖绳包主要用于两艇或者多艇之间的拖拽救援。比如说，在大海、大湖等大流域，遇到船只倾覆或者划艇者受伤、生病而导致无法继续前进时，需要用拖绳包进行拖拽救援。通常使用的方法有“一”字拖或者“V”形拖等。

抛绳包主要用于较窄溪流内受困船只或者受困人员的救援。主要的使用方法是将绳包从陆地或者桥梁上抛向受困船只或者人员，然后将其拖向安全区域。（图2-82）

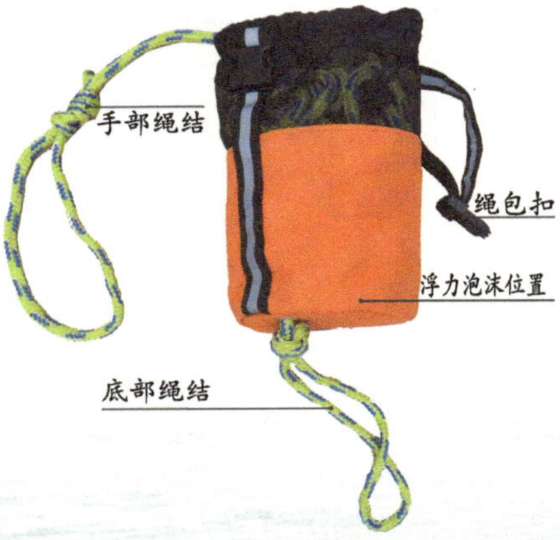

图2-82 抛绳包

划艇者要用救援绳包不断进行练习以确保救人时尽量一次到位，从而节约救援时间。在将救生绳放入包里时，要防止绳子缠在一起，以便于抛绳时快速准确到达位置。

制作一个救援绳包既简单又便宜，使用规格是6～12毫米的可漂浮的尼龙绳，一端配有约2.54厘米厚的珍珠棉盘，该盘可以让救援绳包浮起来。包底部应有口子，让水可以排出。

2.浮桨袋

浮桨袋英文名为“Paddle Float”。国内皮划艇初学者很少意识到这个配件的重要性，其实浮桨袋在自救时是个非常好的工具。因此，在准备起航前就应该把它放在艇甲板容易取出的位置。它的使用方法是：落水后，落水者首先把艇与桨抓住，然后将自己的一只脚插入座舱中勾住皮划艇，不让自己的艇漂走；从艇上取下浮桨袋，然后用嘴给它充气，充完气后将自己的桨的一端插入浮桨袋；将桨的另一端扣在救生织带扣中，如果没有的话，只能用自己的手将桨杆扣在座舱圈后沿，另一只手抓住艇后舱盖；脚慢慢抬出水面，将一只脚先搁在桨杆上，然后面朝下，头朝艇尾，整个人爬上艇，另一只脚先伸进座舱；换手压桨杆，人转体仰卧朝上，恢复到正常坐姿。切记始终有一只手压在桨杆上。（图2–83、图2–84）

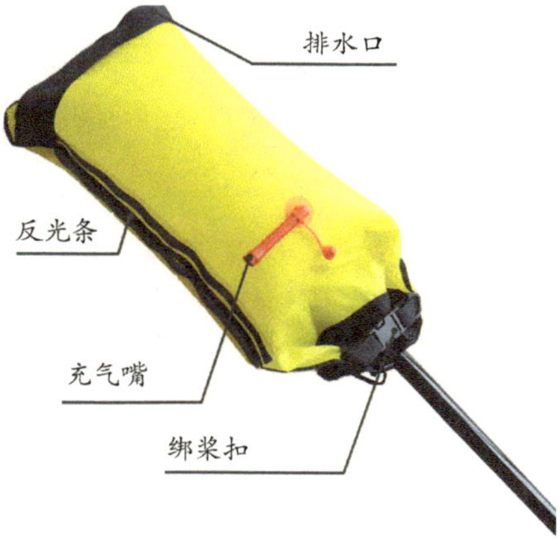

图2–83 浮桨袋

图2–84 浮桨袋使用方法

3.抽水泵

抽水泵的作用很简单，就是在落水后用来将座舱里的水抽到艇外面去的工具。合格的抽水泵无论是“抽”还是“推”时都可以排水，抽水口应该有过滤网滤除杂物，防止堵塞抽水泵。（图2–85、图2–86）

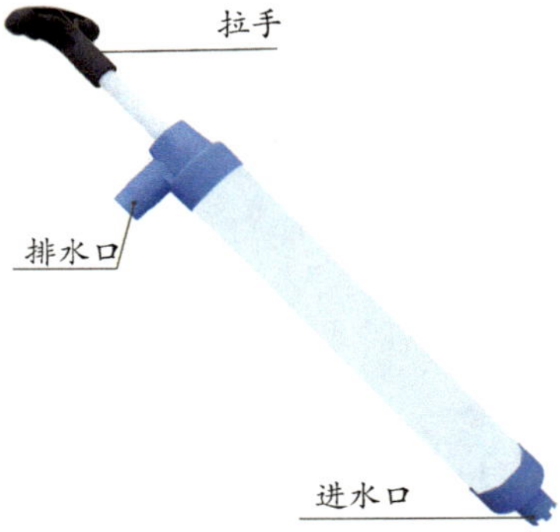

图6-85 抽水泵

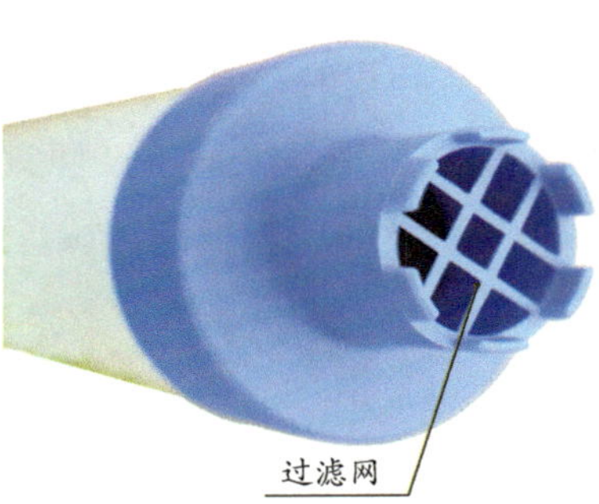

图2-86 抽水口过滤网

4.哨子

哨子可能有点不起眼，但却是安全的巨大保障。在野外划行时，野外的声音很多、很杂，距离稍远，互相之间对话都很有可能听不到。为了及时传递信息、危险信号或者救援信号，口哨是非常好的工具。特别是人落水后，水流的声音可能会淹没人的喊声，但哨子高频的声音可以传得比较远，能使救援的人快速地发现落水者。

口哨声是水上通用语言：一声长音表示注意、集合等；三声急促哨音表示警报“危险”，需要救援。

5.潜水刀

潜水刀的作用是在落水后被水草或者渔网缠绕时，可以用潜水刀快速割开缠绕物。潜水刀多为锯齿刃、ABS刀鞘，能快速地抽出刀具，可固定在救生衣上。有些刀前面可以当螺丝刀，也可能加了一些其他功能。（图2-87）

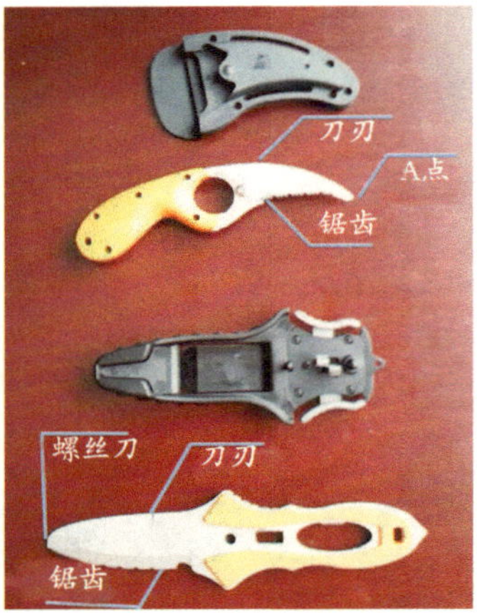

图2-87 潜水刀

图2-87中A点是圆的、不锋利的，当划手用这种刀割缠在自己身上的东西时不会割到自己。

其他救援工具还有吸水海绵、备用绳索等。

（八）防水包

皮划艇运动是水中运动，保证装备干燥的防水包是必不可少的，锥形的包体正好符合皮艇前舱或者后舱的形状，可以将包塞入舱体。防水包还配有可吹气的管子，将包吹起来，充当浮气囊。（图2-88、图2-89）

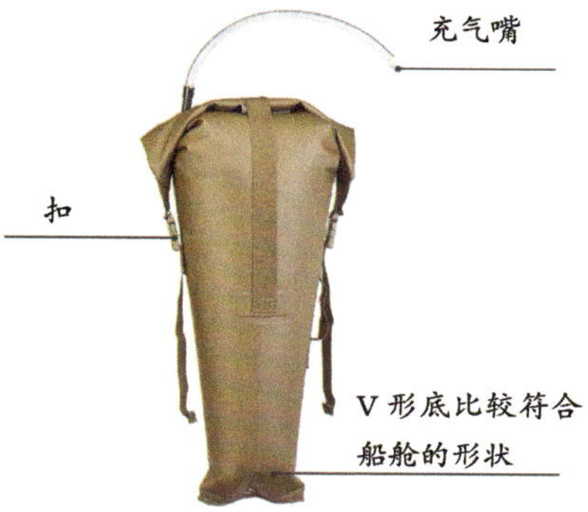

图2-88 防水包

图2-89 充气防水包

（九）绑桨绳

绑桨绳是用来防止出现意外时桨漂走的。（图2-90、图2-91）

图2-90 绑桨绳

图2-91 绑桨绳的使用方法

第三章

皮划艇运动教学与练习

在环境优美的自然水域中优雅地划着皮划艇，以悠闲的心情一边挥桨一边欣赏两岸风光，同时还锻炼了身体，这就是休闲皮划艇运动的魅力。参与者通过一定的皮划艇技术学习和练习，掌握相应的划艇技能，参加有组织的皮划艇团队活动，划入自然，划进阳光，划出健康。

在整个划艇活动中，合理有效地掌握皮划艇技术动作是十分重要的。

（1）作为一项休闲运动项目，皮划艇具有怡情健体的功效，能让参与者在兴趣爱好的驱动下，身心都得到锻炼。参与者应较好地掌握划艇的基本原理，认真学习合理的技术，从而在练习过程中避免养成错误习惯，减少身体的损伤。

（2）休闲皮划艇作为大众喜爱的休闲运动项目，它融入大自然中，优雅的划艇动作给人以运动的美感，是时尚的休闲运动方式。如果不了解皮划艇的原理，不学习相应的皮划艇技术，运动中表现出来的就不是优美的姿态，而是让人感觉动作僵硬，毫无美感可言。

（3）掌握良好的划艇技术，能够在划艇时节省体能。保持充沛的体力，是参加比赛并获得优异成绩的基础。因此，业余皮划艇爱好者参加初级皮划艇培训时就应该重视对技术的学习，掌握皮划艇技术的各个环节要点，并且不断地改进提高并加以完善。

第一节　皮划艇基本技术动作解析

皮划艇技术包括选桨、握桨、艇上坐姿、划桨及比赛相关技术。

一、选桨

（一）选择桨型

建议初学者使用普通塑料平板桨，它能帮助新手直观地了解桨的工作原理，理解划行路线、角度、方向。待基本掌握划桨的技巧之后，可换效率更高的瓢型桨。

（二）选择桨的长度

方法一：学员两手正握桨杆，对称地放在头顶上，上臂举起，两肩水平，肘关节屈成90°，这时两手距离桨颈15厘米左右，如再加上两桨叶的长度，即为该学员较适宜的桨长。（图3-1）

方法二：站立在平地上，让桨竖起向上，举起单臂用食指和中指勾住桨叶顶端，即为适合自己的桨长。（图3-2）

图3-1 方法一

图3-2 方法二

二、握桨

一般来讲，右手实握桨称为控制端，左手虚握桨称为辅助端，当双臂往前伸直时，右手桨叶面与地面垂直。当桨放在头的正前方时两手肘应弯曲小于90°。（图3-3）

在双手握桨处做好标记，并缠些胶布，避免划行中双手滑动改变握桨距离。

三、艇上坐姿

学员坐进艇舱后应位于艇的中心线上，以保证平衡，两膝屈120°～130°，背部要挺直，躯干垂直地面或前倾5°～10°，身体重心应落在艇的重心上或稍前的位置，这要根据学员的体重来决定，可以观察艇体的水线是否呈水平并加以调整。艇头可稍下沉，划行时艇头上升，水线即呈水平。学员自然正坐艇中，头部正直，两眼平视前方，颈部放松。这一姿势有利于上体转动和两臂用力。（图3-4）

图3-3 握桨方法

图 3-4 艇上坐姿

四、划艇的动作结构特征

皮划艇的划桨技术是连贯而有节奏的循环动作，相同的动作在左右两侧不断地重复，动作的结构特征要求划艇者的动作高度地协调，要努力做到两边划桨动作对称，用力均匀。

我们将划桨的一个循环的动作分成四个阶段：桨叶入水、划桨、桨叶出水、复位。

（一）桨叶入水

以右划水为例，桨叶入水时，上体应围绕纵轴最大限度地向左转动，肩轴和躯干一起转动约70°，右膝弯曲使臀部稍向前移动，而左膝微伸。这时右肩下斜，右臂充分前伸，右前臂与手成一直线，左手在头旁，离左耳20～25厘米。桨叶入水时贴近艇体，臀部、胸部、肩部、臂部等肌肉均紧张收缩，左脚撑住蹬板，桨叶与水平面成40°～50°，入水点应超过自己脚尖。在入水阶段，桨叶的运动方向是向前、向下、向外。

上身微前倾，躯干最大程度扭转，手臂伸直，上方手位于头的前上方，上方臂的弯曲角度为110°～120°。桨倾斜（从艇头观察为65°～70°）并靠近艇入水。（图3-5）

（二）划桨

划桨紧随在抓水之后，抓水和划桨之间没有间断和停顿，力的传递是从抓水开始一直到划桨结束。划桨时腰部发力，躯干加速用力向右牵拉转动。右脚撑住脚蹬板，要有用力推带艇向前的感觉。左臂屈臂支撑，左手高于下颌，与眼齐平。右臂直臂拉桨，使桨叶向后侧方与艇的纵轴线约成36°。在拉桨过程中，桨颈齐水平面，桨叶面则尽可能与船舷保持角度为80°～90°。运动员根据自己的水感，不断寻找静水，使桨叶相对固定在入水点。右臂拉桨时，右腿随着转体进一步对脚蹬板产生更大的压力，左臂微屈肘，努力控制划桨的有效垂直部位。划桨至大腿中部，右臂屈肘出水。在拉桨阶段，桨叶的运动方向是向后、向下、向外。（图3-6）

图3-5 桨叶入水

图3-6 划桨

桨沿艇推开的波浪线，在艇边向外划开。下压手臂的弯曲角保持固定，手臂轻微弯曲，躯干扭转结束后微挺直（此时必须有许多肌肉集中工作），避免过度提升。

沿波浪线划桨结束，开始用上方手臂伸展帮助划桨，桨进一步沿艇划开，躯干向后扫，扭转开始从头顶看，桨角始终保持在65°～70°。

（三）桨叶出水

划水时，桨叶至髋部旁出水，这时桨柄与水平面成130°～145°，右臂屈臂提肘，稍稍转动手腕并向上转桨，使桨叶外沿领先出水。出水动作应迅速、柔和、干净利落，桨叶尽量少带起水花。桨叶在出水阶段的运动方向是向后、向上、向内。桨叶出水时与水平面成145°～155°。桨叶出水是划桨动作过程中速度最快的一个阶段，艇速越快，出水越快。

右臂拉桨出水的同时，左臂微屈支撑。当右手向前，向上复位时，右臂由屈向前自然推直。当左手腕推过中心线时，转化为拉桨手而开始下一次划桨。

桨向后外出水（少许水花溅起），躯干完全旋转，桨不要举得太高，转换时上身再一次微前倾。（图3–7）

（四）复位

右桨出水后，左桨入水前，大部分肌肉处于放松状态。整个划桨动作是连贯、协调的，即使是恢复阶段，也应轻快而流畅，没有任何停顿，并且不允许在两次拉桨之间有明显的减速现象。

此阶段是一个循环动作中简短的放松调整阶段，体现出整个循环动作中的节奏，为下个循环动作做好准备。（图3–8）

图3–7 桨叶出水

图3–8 复位

五、皮艇技术动作的几个要素

（一）各身体环节发力顺序与协调配合

皮划艇动作结构的总体特征和身体各环节的运动顺序是，首先，下肢蹬伸，促进骨盆积极回旋，为躯干的回旋创造有利条件；其次，整个动作的核心——躯干回旋发力，带动上肢完成划艇动作；最后是上肢肌肉收缩保持上肢各环节正确的姿势，调节桨叶入水角度，完成插桨、拉桨、回桨阶段的屈伸和收缩等动作。

1.下肢肌肉

首先蹬伸，促进骨盆积极回旋，为脊柱的回旋创造有利条件。

一侧腿蹬伸（140° ～150° ），主要为伸膝动作，原动肌为股直肌、腓肠肌和股二头肌等，远固定条件下收缩，但不需要将膝关节完全伸直，否则会加长做功距离，增加做功时间。（图3–9）

另一侧腿屈膝，主要由小腿在踝关节处伸，带动大腿在膝关节处屈，使大小腿折叠，进而快速带动骨盆回旋，主要由胫骨前肌、趾长伸肌等原动肌在远固定条件下完成收缩。（图3–10）

图3–9 下肢蹬伸

图3–10 拉桨，骨盆回旋

蹬伸和屈腿动作推动骨盆快速回旋，同时臀大肌等肌肉在远固定情况下主动收缩，进一步加快骨盆回旋速度，为脊柱回旋创造条件。

骨盆在整个划船动作中始终处于微前倾的位置，需要臀大肌和臀中肌等肌肉在下固定情况下做支持工作，骨盆不松不懈，脊柱则容易挺住。

2.躯干肌肉

躯干在整个划艇动作中始终处于微屈约10° 位置，需要竖脊肌、斜方肌和夹肌等肌肉在下固定情况下做支持工作。脊柱回旋发力，主动肌为腹外肌和腹内斜肌，协同肌是脊柱屈的肌肉——腹直肌等，脊柱伸的肌肉——竖脊肌等，它们均在下固定情况下收缩实现脊柱回旋，从而带动上肢完成划桨动作。

3.上肢肌肉

在摆桨阶段，肌肉收缩保持上肢各环节正确的姿势和调节桨叶入水角度等，在插桨、划桨和桨出水阶段，以肩带和肩关节的运动为主。

（1）肩带的运动。桨出水和向前摆桨阶段，肩带上回旋和外展（前伸），由斜方肌和前锯肌等原动肌在近固定条件下收缩完成。

（2）肩关节的运动。桨出水和向前摆桨阶段，肩关节做外展和屈的动作，由三角肌、胸大肌和肱二头肌等原动肌在近固定条件下收缩完成。当上臂运动至身体额状面前面后，上臂由外展运动转为内收运动，同时肩关节继续做屈的动作，使上臂充分前伸，由三角肌前部、胸大肌和肱二头肌等原动肌在近固定条件下收缩完成。

插桨阶段，肩关节做伸的动作，由三角肌后部、背阔肌和肱三头肌等原动肌在近固定条件下收缩完成。但在划桨阶段，则是躯干以肩关节为支点向上臂靠拢，由三角肌后部、背阔肌和肱三头肌等原动肌在远固定条件下收缩完成。

（3）肘关节的运动。桨出水、向前摆桨和插桨阶段，前臂在肘关节做屈的运动，由肱二头肌、肱肌和肱桡肌等原动肌在近固定条件下收缩完成。当前臂运动至身体额状面前面后，前臂由屈的运动转为伸的运动，使臂充分前伸，由肱三头肌和肘肌等原动肌在近固定条件下收缩完成。但是，肘关节在整个动作中屈伸幅度不要过大。

在划桨阶段，则是上臂以肘关节为支点向前臂靠拢，由肱二头肌、肱肌和肱桡肌等原动肌在远固定条件下收缩完成。

上肢各环节的运动顺序为，在桨出水、向前摆桨和插桨阶段应该为大环节带动小环节运动，靠近躯干的大肌肉群先发力收缩，但在划桨阶段，则是远侧小环节先发力收缩，整个身体向远侧端，即向桨靠拢。

（二）划船动作节奏

节奏是皮艇一个动作周期内各阶段速度或力量的比例，这种比例基本上是有规律性的。一个动作周期中包括支撑期和无支撑期，可分为入水、拉桨、出水和恢复四个阶段。其中，入水在一个周期中约占三分之一，拉桨占45%，而恢复占25%。动作节奏是技术合理性、正确性的重要标志之一，是相对稳定的技术因素。

（三）桨频

桨频是单位时间内划桨的次数。

桨频=划桨次数/时间

在皮艇运动中，可以测定两种不同的桨频，一种是最大桨频，一种是途中平均桨频，最大桨频是运动员以良好技术和力量重复划桨而取得的，一般在出发后一段时间内达到。最大桨频和途中桨频的比率可以说明运动员在最大桨频下能持久工作多长时间。教练要教会运动员控制桨频和用最大力量的划桨来取得最好的成绩。

（四）划距

划距是指运动员每划一桨艇移动的距离。在训练中，提高划距和桨频都可以提高艇速，对于初学者或青少年运动员，主要是提高划距；对于优秀运动员，则要提高最大桨频及其持久能力。

（五）划船效果（艇速）

划船效果=比赛距离/比赛成绩=（比赛距离/桨数）×（桨数/比赛成绩）

因此，艇速=划距×桨频。要提高运动成绩，就是要提高划距或桨频。桨频的提高要通过提高划水的效果和不改变动作的节奏来完成，最后达到提高运动成绩的目的。

（六）比赛中的技术与战术运用

——做好赛前准备活动。

——合理分配体力。

——根据对手特点，合理利用比赛战术（先发制人、后发制人）。

——在长距离比赛中合理分配体力。出发争取领先，途中保持最大航速，利用乘浪技术，弯道加速，领先后用变速划试探对手，相持时保持实力，最后冲刺。

（七）划艇技术的相关描述

1. 呼吸

划艇时，呼吸的频率一般与每分钟70～90次的划桨频率难以协调。呼吸频率的提高取决于运动员的呼吸效率（氧气利用率）。在艇上，特殊的身体姿势使人呼吸不畅，因此必须做深呼吸，身体过分前倾或膝关节收得过高就不能进行深吸气。应特别注意进行强制深呼吸，以保证大量有效地吸入新鲜空气。起航和冲刺前，增加深呼吸将保证吸入充分的氧气。为了保证呼吸自由，在短距离的激烈冲刺中应保持下颌向上翘起，因为通过鼻子呼吸可保证呼吸道不受凉气刺激，将吸入的空气加热、过滤并湿润，但在比赛中，人体需要大量的氧气，只通过鼻子呼吸不能保障供氧量。

2. 启航

当初学者学会一定的划桨技术并有节奏感时，就可以开始一般启航练习。启航的目的是将船速尽快地加大到最大比赛速度。启航的基本技术包括以下几种。

准备姿势：入水姿势，桨叶接近水面或插入水中。

快速启动：听到出发信号后，迅速蹬腿、转体、拉桨发力。前4~6桨衔接快，做到稳、深、柔、狠。

稳——动作稳。

深——桨入水深。

柔——第一桨入水柔。

狠——拉桨狠。

加速划：启动后，注意加桨频、加力量，力争用10～15秒使船速达到最大速度。做到高——桨频高，快——船速快，短——划幅短。

3. 转入途中划

出发后10～15秒，当艇速达到最大速度时，迅速转入途中划。此时要求桨频减慢，但拉桨力量加大，艇速不变，划桨节奏明显，注意“三度”，即深度、幅度、加速度。

皮艇运动员划第一桨有可能使艇向右或左旋转，因此在启航前排艇时，应将自己的艇头略向第一桨边偏约15°，根据自己划左右桨的特点来确定艇首的方向，划左桨的运动员将艇头向左偏，划右桨的运动员将艇头向右偏。

4. 冲刺

冲刺技术包括临近终点的加速划和冲线技术。加速划技术与启航技术近似，主要通过缩短划桨的非支撑阶段的时间，提高动作速度和桨频来提高艇速。冲线技术就是在接近冲线时，利用艇身比人体体重轻的特点，使自己身体后仰，用力蹬艇向前。这种速度往往比划桨的速度更快。

5. 多人艇技术

（1）完美的协调。在一条多人艇上的队员，其个人身体素质、技术和心理上的特点，可以互相取长补短而形成一个完善的整体。

（2）快节奏的技术。多人艇技术首先强调单人皮艇的规范技术。除了完美的协调，在划桨技术上还要求更快的节奏和速度。

（3）抓水动作要快，角度更小。由于流水速度快，拉桨时既要更快地用力，又要防止推桨臂过早前移造成的力量转移。同样，多人艇桨叶的出水速度也比单人艇快。由于桨频较高，船速快，桨叶稍在水中拖拽就能引起艇的制动。

（4）完全同步一致。多人皮艇要求每一位队员从抓水到出水完全同步，就像一个人在划。

（5）桨位安排合适。领桨手相比艇上其他选手可以矮一些，体重轻一些，节奏感强，战术意识强。尾桨手的体重应大一些，用较长的桨，有良好的跟桨能力。双人艇的两名队员最好有相似的风格和桨频，如果两名桨手的桨频差别大而没有其他合适的队员，教练可让桨频高的队员使用较大桨叶的桨来调节桨频。

六、皮划艇运动中常见的错误动作及纠正方法

一、常见错误动作

（1）拉桨屈臂过早，划距短。

（2）划桨转体不够充分。

（3）桨叶入水过浅或过深，特别是太浅，浪费势能。

（4）桨叶出水太晚或太早。

（5）桨叶入水时溅水，入水动作太慢、无力。

（6）推手过高。

（7）上体过分前倾或后仰。

（8）桨叶面对水的角度不好，减少了动力。

（9）划桨时上体前后左右摆动。

（10）推桨臂与拉桨臂换位太快。

（11）双手握桨不对称或移动，握桨太紧。

（12）膝关节过屈或过直，未用上蹬的力量。

（13）动作不连贯、不协调，用力不一致。

二、错误的原因和纠正方法

1. 思想上、心理上的原因

思想上、心理上的原因表现为完成动作时目的性不明确，积极性不高，随意性大，怕苦、怕累、怕翻艇，信心不足、紧张和注意力不集中。

纠正方法：加强思想、心理、安全教育，做好水上安全防护措施。

2. 技术上的原因

技术上的原因表现为对技术动作概念不清楚，练习任务不明确。

纠正方法：通过反复观看教学视频，强调技术的正确动作要领，选择性地针对某个环节纠正。

3. 身体素质上的原因

身体素质上的原因表现为做动作不协调、不到位。

纠正方法：需要加强身体力量、柔韧性的练习。

4. 教学环境或器材上的原因

教学环境或器材上的原因表现为做动作不协调导致艇体摇晃或起伏大等。

纠正方法：向学员了解情况并及时调整器材。

第二节 皮划艇运动教学与练习

一、教学原则

（一）安全第一原则

树立安全第一的指导思想，加强安全教育，采取强有力的安全措施。

（二）自觉性、积极性原则

学员要明确学习目的，端正学习态度。要培养学员对皮划艇项目的兴趣，教练员同时要了解学员的心理。

（三）直观性原则

采用直观的教学方式，正确的动作示范，生动形象的讲解，使用直观教具进行演示。

（四）渐进原则

技术学习由易到难、由浅入深循序渐进地推进。运动量的安排由小到大逐步增加，制订完善的教程保证教学工作系统、有序地进行。

（五）从实际出发原则

从实际出发原则是指教学的任务、内容、要求、组织教学法，要力求符合年龄、性别、基础，以及场地、气候等实际情况，使教学对象能接受并顺利进行学习。

（六）巩固性原则

在已掌握的基础上不断提高，通过测验、比赛巩固所学的技术、技能。

二、休闲皮划艇运动的特点

对于休闲皮划艇初学者的教学，教练员首先要让学员认识到划艇技术对划好皮划艇的重要性，明确学习技术的目的。教练员要根据学员的年龄、学习动机、理解能力等特点因人而异地展开教学，在不断改进技术的过程中，使学员的技术逐渐趋向完善与稳定。

（一）学员年龄的特点

休闲皮划艇与竞技皮划艇的明显区别在于参与者的年龄。竞技皮划艇的目的在于提高成绩，以夺取冠军为终极目标，一般从少年（12岁）开始进行启蒙训练，绝大部分运动员在30岁之前退役。而休闲皮划艇却不同，从6岁开始参与皮划艇亲子活动，8岁独立驾驭皮划艇，直到60~70岁仍然能兴致勃勃地参加团队皮划艇活动，年龄跨度之大给教学和练习带来一定的难度。（参加休闲皮划艇活动的群体年龄跨度越大，运动能力差距越大，对皮划艇技术的理解能力、接受能力的差距也越大。）

（二）学员学习动机的多样性

（1）强身健体，磨炼意志。有相当一部分中青年爱好者参加皮划艇活动是将其作为一种体育项目，参加比赛，锻炼身体。这些人群对划艇技术要求较高，练习也较为认真。

（2）休闲皮划艇运动具有亲山近水、融入自然的特点，吸引了大批爱好旅游、爱好摄影的户外群体加入，想通过皮划艇这个特殊的载体，达到既参加了体育健身活动，又观光旅游的目的。此类人群学习皮划艇的目的就是掌握轻松优雅、充满运动美感的划桨技术，不求快，只求美。

（3）休闲皮划艇是一项挑战自我、培养少年儿童独立性的水上运动，目前，有越来越多的家庭开始参加皮划艇亲子活动，想通过参加水上游乐性的活动，提高少年儿童不畏艰险、战胜困难的能力。但体验活动要注意安全保护，创造轻松、欢乐的氛围，以培养少年儿童对水上运动的兴趣。

（4）休闲皮划艇是一项集健身、娱乐、挑战等魅力于一身的运动，吸引了越来越多人的目光。特别是中青年这个大群体已不满足一般的山地越野、平原拓展活动，绿水荡舟、江河漂流、探索水域已成为他们新的追求。此类人群数量大，其中有部分人发展为真正的皮划艇爱好者。因此，对有强烈学习欲望的爱好者，要加以引导，重点培养。

综上所述，教练员要根据教学对象的不同有侧重地因材施教，以满足各类学员对皮划艇技术的学习要求，使学员通过学习和训练，感受到休闲皮划艇的魅力。

三、皮划艇教学与练习前的准备

（一）个人（学员）准备

（1）具备个人的水上自救能力。

（2）积极的心理准备。

（3）适合水上运动的着装。

（4）自身的体能储备。

（5）良好的身体健康状况。

（二）教练员准备

（1）对学员人群分析并了解。

（2）活动目的的设定。

（3）制订有针对性的教学方案。

（4）组织教学方案的实施。

（5）确定教学与练习的器材。

（6）做好讲解、示范的准备。

四、陆上辅助教学与练习

陆上教学与练习对于皮划艇初学者较好地掌握皮划艇技术有很大的帮助，这能使教练员与学员面对面地交流，及时纠正不正确的姿势，使其在下艇前就掌握规范的划艇动作，为下一步水上练习打下良好的基础。

（一）利用影像教学资料

（1）通过观看影像资料结合教练员同步讲解、示范，使学员对标准的划艇技术有一个直观的印象。

（2）观看自己的划艇技术视频并进行分析，发现缺点，反复练习正确动作。

（二）徒手摆桨练习

（1）教练员手把手地指导学员正确地握桨与转桨的方法。

（2）让学员掌握各分解动作的要点、原理，旨在熟悉划桨各阶段的动作要领。

（3）进行完整划桨动作的练习，使其动作连贯、协调、放松。

（三）模拟划船器（皮划艇测功仪）上练习

（1）直观地指正学员的技术缺陷，使学员不断地改进和提高技术。

（2）反复练习完整划艇动作，注重动作的连贯性与协调性。

（3）监控学员划桨的输出功率，因人而异调节阻力。

（四）荡桨池练习

（1）感受水、桨和身体的结合。

（2）熟练划桨的动作轨迹。

（3）掌握划桨的动作节奏与合理用力。

五、水上专项教学与练习

休闲皮划艇有别于竞技皮划艇，它既有竞技比赛的元素，又有休闲、娱乐、旅行的意义，属于大众休闲体育项目，这对休闲皮划艇教练员提出了更高的要求。教练员既要了解竞技皮划艇技术，又要精通休闲皮划艇的各种技巧；既要懂得竞技皮划艇的训练方法，还要掌握休闲皮划艇的教学原理。

（一）上下艇的方法

由教练员在码头边示范、边讲解，让学员观摩并熟悉上下艇的程序。同时还要让学员掌握自然环境下的上下艇方法。

（1）上艇方法如下，面向艇头蹲下，将桨放在岸边，靠近艇的一只手抓住艇舷，另一只手按住码头。（图3-11）

（2）一只脚踩进座舱的中央位置，身体重心移到艇上。（图3-12）

图3-11 上下艇方法①

图3-12 上下艇方法②

（3）另外一只脚也踩进座舱，然后坐下，调整坐姿。（图3-13）

（4）拿到桨，推开码头，完成上艇动作。（图3-14）

图3-13 上下艇方法③

图3-14 上下艇方法④

（5）艇靠岸，将桨放到岸上，一只手拉住艇舷，另一只手按住码头，两只脚收到靠近臀部的位置。（图3–15）

（6）手臂用力拉，将身体移出舱位，重心低一点。（图3–16）

图3–15 上下艇方法⑤

图3–16 上下艇方法⑥

（7）一只脚踩到岸上同时移动重心，然后将另一只脚移到岸上。（图3–17）

（8）拉住把手，将艇抬上岸。（图3–18）

图3–17 上下艇方法⑦

图3–18 上下艇方法⑧

（二）专项技术练习

（1）平衡练习。教学用宽体不易翻的皮划艇，一方面在学员的心理上减少了对翻艇的胆怯；另一方面避免器材的损坏，提高教学的效率，让学员体会艇的平衡和如何用桨来控制艇的平衡。

（2）练习各种桨法。循序渐进，从易到难地练习前进、倒退、侧划、扫桨、高低位支撑等桨法。

（3）练习各种划艇技巧。练习侧倾转弯、艇首复位、侧倾立刃、支撑划艇、摇橹平衡、扫水平衡等技巧。

（4）爱斯基摩翻滚练习。

（5）低桨频技术练习。力求稳定匀速地推进。

（6）不同划距的技术练习。

（7）采取间歇、变速等练习方法。进行针对性专项练习，以提高皮划艇运动成绩，参加相应的比赛。

六、模拟划船器——皮划艇测功仪

随着皮划艇运动的不断普及，相应的皮划艇辅助训练设备也应运而生，并不断地成熟。皮划艇测功仪是皮划艇使用的模拟设备，是以皮划艇动作为特征的专门练习和机械测试的专门仪器，在皮划艇专业训练、皮划艇业余练习、健美健身活动中得到了广泛的运用，已成为一个良好的辅助工具。

（一）皮划艇测功仪的作用

皮划艇测功仪用于皮划艇的专业训练，它可以用来对运动员进行测试，诊断运动员划桨的功率、划距和艇速，有效地提高有氧代谢能力，同时可发展专项力量、提高专项耐力，给教练提供一个科学的、直观的训练条件，实时监控运动员的训练效果，测试运动员的专业能力，可以在训练中连续不断地为教练员和运动员提供反馈意见。

皮划艇测功仪可作为业余爱好者学习技术的教学平台。学员在皮划艇测功仪上练习划艇技术，是初学者学习技术必不可少的手段，是学习技术、巩固技术、改进技术的有效方法。

当遇到不适合进行水上活动的天气时，可以通过皮划艇测功仪模仿皮划艇运动进行身体能力的练习。

（二）皮划艇测功仪的使用方法

利用皮划艇测功仪，教练员可以手把手帮助学员理解皮划艇划桨动作和节奏，在皮划艇测功仪上每一桨划桨动作的任何节点上都可以停下来，此时，教练员可以对学员的技术动作给予指导和纠正，包括时间选择、动作的先后顺序、某一特定的技术点、学习从抓水到出水的加速动作等。

在没有教练员的情况下，学员也可运用侧边的镜子，实时观察自己的划艇动作，根据教练员指导的划艇技术，一边进行练习，一边发现问题，改进技术动作。

（三）使用皮划艇测功仪应注意的事项

最好在教练员指导下进行皮划艇测功仪练习，特别是初学者在最初阶段一定要接受教练员的系统技术教学，对划艇动作建立一个标准的概念。

遵守循序渐进的原则。如果没有肌肉疼痛和僵硬的感觉，就可以做更长时间的皮划艇测功仪练习，同时提高练习的桨频。如果发生了肌肉疼痛的情况，可以考虑减少练习的时间、强度和次数。同时注意练习前、练习后进行肌肉、韧带拉伸练习。

可利用一些简单的方法使皮划艇测功仪练习过程更舒服、更有效。如运动着装选择舒适性好的，能让身体各部位活动自如；可以在座位上加一个柔软的海绵座垫，这样会有利于划桨；也可以戴一副运动手套，从而减少手掌与桨把的摩擦产生的不适感；携带水瓶及时补充水分。

第四章

辨识各类水域信息及通过技巧

学习本章内容有助于掌握对不同水域的辨别知识，从而根据自身体能和技能判断是否能够通过，有助于提高对水上不同危险的判断能力，降低水上运动对初学者的危险度。专业的判断技巧有助于提升能力，有助于判断水域情况。

辨识各类水域信息主要掌握以下因素：①自然因素。水域面积、水流（洋流）、近岸情况、风力以及水中动植物分布。②人类活动影响。水域周边人口分布、水质、通航情况以及救援距离。并且判断这些因素会如何影响艇的运动轨迹。

研究这些因素的变化是必须的，但是将理论知识应用到实际的水域环境中是有一定难度的。很多平静的水面下其实暗流汹涌，真正去研究一条河流之后，才会发现里面的水流非常复杂，甚至毫无秩序，划艇者要想提高辨识各类水域信息的技能，就需要在掌握基本常识的基础上积累大量的实践经验。

读水就是指皮划艇运动中通过肉眼直观判断河流情况的一种方式，这是一个专业词汇。

我们将水域划分为三类：河流、湖泊、海洋。本章分别介绍面对不同水域时如何正确读水，以及如何安全地通过这些水域。

第一节　河流

初学者在开始训练读水时，必须从较为简单的水流开始，然后再进阶到更为复杂的水流。下水前，可以选择站在高处仔细观察河岸及水面，有助于新手研究水流。必须学会在不利的位置观察河流，识别其特征。比如以较接近水平线的视角进行观察，类似于划艇者坐在艇上进行观察。

教练员必须让学员熟悉水流的各种类型，以提高阅读河流的能力。例如“V”形水流、波浪和水洞。

教学方法：教练员可以采用各种道具来介绍水流，例如黑板图像演示，一条“室内”河流，有岩石、滤洞以及其他地形，学员可以在这条河上移动小船只，并就阅读河流进行讨论。

一、河上水流的基本原理

在遇到障碍强行将水流方向分开之前，河水在持续顺流而下时是很平顺的，它通常会寻找最容易往下流的地方。例如落差最大的地方、干净的河床。水流速度会受到水的容积、河流宽度和坡度的影响。

（一）流量

流量是指流动水的总量，常常以立方米/秒来表示。水的流量越大，流动速度越快。

（二）坡度

坡度是指河床的陡峭程度。河床的陡峭程度通常能造成两种情况——激流与相对静水。激流是较为陡峭、有较湍急河流经过的地方，通常深度较浅。相对静水是较为平缓的区域，河流流速较慢且水更深。

越陡的地方，水流得越快。激流的前部一般比中或下部流速慢。当快速的水流遇到岩石及慢速的水流时，前者就会立刻变慢，常常形成波浪。

（三）宽度

河流宽度减少导致河流变成紧凑的漏斗形，会将河流汇聚到一起，常常形成湍流。

水流还受到其他因素的影响。由于河床的摩擦力，接近河底的水流速度较缓，而由于较小的摩擦，接近河流表面的水流速度较快。由于河岸的摩擦力，河的边缘有时会有较慢的水流。

当河流转弯时，水流会在靠近转弯处的外侧变得更快更深。击打转弯处的外部水流会形成一个深深的河道使得转弯处外侧河岸受到侵蚀，较为陡峭。倒在河流中的树会导致河流堵塞形成滤洞；虽然树枝可以让水流通过，但是它们常常会挡住，甚至绊住船或人，非常危险。

转弯处内部的水流速度最慢、最浅。部分河流转弯处内侧会形成沙滩或石滩，有利于艇只停靠调整。（图4-1）

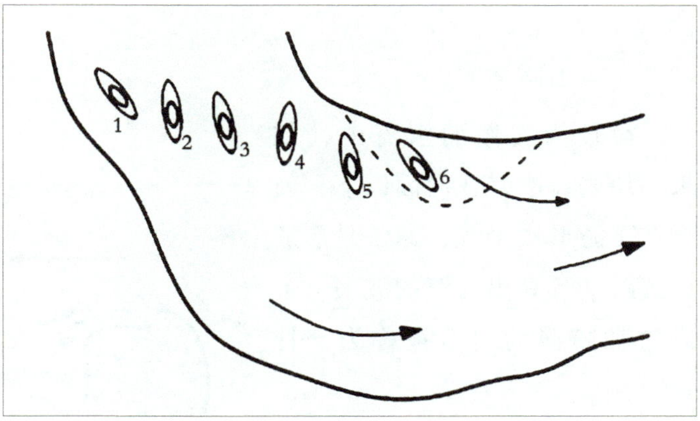

图4-1 转弯处水流

二、障碍物的影响

水流的运动是河流周围和内部地理作用的结果。河床的轮廓和河流内的障碍物会强行把水流分为不同的流向。如果一个地区的地理条件以锯齿形的边缘和陡峭的轮廓为主，那么该地区河流的特点必定与那些流经位于宽敞河谷地区里的农田的蜿蜒河流差异很大。

（一）“V”形水流

较深的河道产生于障碍之间，因为水流会击打岩石并绕着它们流动。水流在这种河道中相遇的水线通常是顺流的“V”形。

流速很慢的水流会轻松越过和绕过障碍，而且几乎不会在河流表面遇到阻碍，“V”形水流也会呈现得较平滑。但是，较快的水流与较大的障碍就会破坏平滑的水面并形成激流。“V”形水流会变得更加湍急并看起来像猛起的波浪。划艇者需要小心考察“V”形水流，因为即使是一条最佳路线也有可能会被岩石堵住，迫使划艇者不得不转向有“V”形水流的路线。（图4-2）

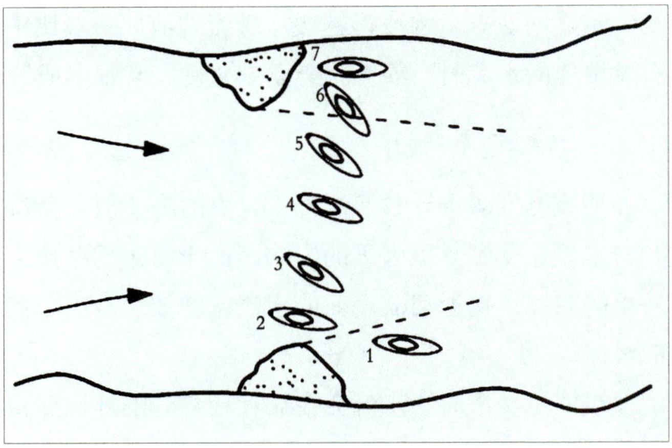

图4-2 “V”形水流

（二）洄水

在较为缓慢的水流中，如果一块岩石刚好在河面以下，就会在下游形成干扰，通常是形成持续跳动且高出河流的波浪。形成这种障碍的岩石被称为“枕石”。

在较为缓慢的水流中，刚刚超过河流表面的岩石会让河水围绕其流动，岩石之后较为平缓的水流区域正是漩涡。如果漩涡颜色很深且稳定，那么就被

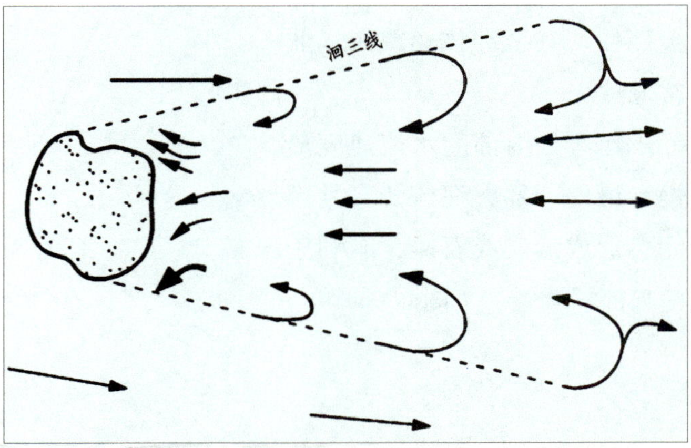

图4-3 洄水

称为“黑色洄水”。如果漩涡暴露在空气中，颜色较浅且不太稳定，那么就被称为“白色洄水”。在障碍下方形成的漩涡被称为“沸腾的洄水”，常常是由下切的岩石形成的。这种岩石底部更窄，水流从其下方的一部分流过以干扰漩涡。（图4-3、图4-4）

上述任何一种洄水在河流中部都是一种相对安全的水流。他们可以为划艇者侦察下一条线路提供休息点。

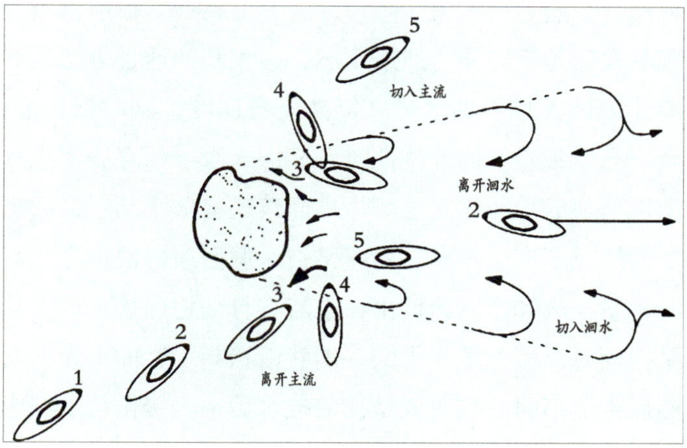

图4-4 船只通过洄水

（三）水洞

在非常快和深的水流中，一个较大的岩石会形成更猛烈的波浪，就像划开海洋的浪一样。这些波浪可以淹没一艘开放型船只或极大地改变任何船只的航行路线。

又快又深的水流在遇到一个极其大的障碍时，会剧烈下落进入洼地，称之为“水洞”。水流量并不足以越过暗礁或岩石，并继续顺流而下形成波浪。在大岩石之下，水流会陷进洼地，重新循环往上流，并继续围绕深深的洞穴流动。

在较快和较深的水流中，岩石会使水形成一个更大、更高的波浪，使得艇的稳定性下降，但会形成一些较好的浪峰，这也是水洞的可玩之处。需要强调的是，水洞具有一定的危险性，对于初学者来说，需要学习技能后才能进入。

水洞中的水越是冒气泡，颜色越白，就说明进了越多的空气，其浮力就会越小。艇只会陷进水洞中并很难离开。循环水流越强大，从中划过去并离开洞穴就越困难。一个有强大上游水流的水洞被称为“洗衣机”，因为它会把艇只陷住，使其无法离开。

驾驶开放型艇只（独木舟或者平台舟）的划艇者要预防被水洞吸住的风险。而座舱型的艇只可能会翻艇，翻艇后尽量用爱斯基摩翻滚翻起来。如果翻滚失败，掉进水洞的划艇者应该游向水底，水底顺流而下的水流会帮助他们从水洞脱身。水洞值得引起划艇者们的注意，因为陷入其中的划艇者在遇到循环往上流的水流时会失去方向，人像被卷进滚筒洗衣机一样始终滚不出来，这是极度危险的。

当水洞的长度与深度相等或超过1.2米长时就非常强大和危险了。

划艇过水洞可以采用以下几种方法。首先最稳妥的是避开水洞，这需要在读水的时候根据自身能力与水流实际情况选择好路线，提前留出足够的机动空间来避开水洞。其次，判断自己是否有能力通过水洞，最顺利的通过方法是在下水洞前用桨抓住加速下坠的没有泡沫或较为集中的水流来提高艇身速度，同时保持身体前压，尽力使艇身与水流方向一致。当艇头碰上回滚的浪时，桨深入水下插穿表层泡沫抓住底层下行的水流，利用艇身的惯性与桨的加速作用把艇带出回滚区突破水洞。最后也是最被动的一种方式，是在无法避免的情况下遭遇水洞，而艇又被水洞回滚的浪推横，甚至翻艇，这个时候只需要把桨向下游和艇身成90° 方向伸出，水流会自动把艇扶正。人从水里上来以后要向下游立刃，也就是把面对河流上游来水的一侧艇沿抬高，桨向下游做支撑，人就可以稳定地停在水洞中，然后再适当向前划艇或是往前推水后退，慢慢从水洞中心靠向水洞两边下行的实体水洞，利用水流的拖拽力量把自己从水洞中解脱出来。无论采用以上三种方法中的哪一种，都要保持冷静，节省体能，避免忙中出错，让自己陷在水洞中无法自拔。

人工障碍，如坝和堰，常常会在其底部形成相同的水洞，往往整条河的宽度都会形成一样的水洞。这些非常规则的水洞很大且对人有生命威胁，因为它非常规则，没有留给生物逃脱的空间，因此从其中逃出来几乎是不可能的。切记：遇到人工坝千万别靠近！

当非常笔直的水平线出现在你眼前，而你又看不到水平线后的情况时，说明这后面就是人工坝或自然暗礁，而这正是人工坝或自然暗礁存在的一个很清晰的证据。其他迹象还有来自下落水流越来越大的噪音和下落时所形成的雾气。要提前注意并做好准备停下来观察这种水流。

三、水域难度量化表

（一）河流等级分类

我们将采用以下的水域难度量化表来确定水域的难度。该量化表提供了水域的大致分类。一条河并不总是能被整齐地分到各种级别中，即使是同一条河流的同一段，由于季度的不同、流量的不同、障碍物的不同都可能处于不同的级别。不同水平的划艇者对于同一片水域的判断，也会由于能力的不同而各异。

对于不熟悉某个水域的划艇者来说，别人的判断只能作为参考。

1.流水的3种分类

A级：流速低于3.2千米每时。

B级：流速为3.2～6.4千米每时。

C级：流速大于6.4千米每时。

2.激流的6种分类

（1）Ⅰ级：容易。

① 几乎没有障碍，即使有，也都很明显且很容易避开。

② 有小波浪的水域。

③ 对落水者几乎没有危险。

④ 自救很容易。

（2）Ⅱ级：新手。

① 直流向前的激流，水域宽阔且视野清晰，不需要勘察。

② 对于训练过的划艇者，偶尔需要进行支撑桨及平移，但是可以轻松避开岩石与中等量的波浪。

③ 落水者几乎不会受伤，团队救援也几乎不会派上用场。

（3）Ⅲ级：中等。

① 激流中有难以避免的中等、不规则的波浪，而且有可能淹没开放型艇只。

② 经常需要在快速的水流和窄窄的通道上进行复杂的操作。

③ 很可能出现大浪、水洞和跌水，不过能轻松避开它们。

④ 在大流量的河流上，会出现强漩涡与高能的水流效应。

⑤ 对于没有经验的团队，建议先进行勘察。

⑥ 落水后游泳受伤的概率低，可能需要团队救援以避免长时间游泳。

（4）Ⅳ级：进阶。

① 湍急的、剧烈的水流与大浪要求划艇者对艇只具有很精确的掌控力。

② 划艇者不得不快速处理可能出现的长时间不可避开的波浪、水洞或狭窄通道。

③ 浪高可能达到3米，在河流中有大跌水，大跌水之后有可能有吸人的水洞，有大范围且力量很大的漩涡。

④ 必须第一时间进行勘察。

⑤ 落水者受伤的风险呈中到高级，而且水流情况可能会让救援变得困难。

⑥ 团队救援需要经常做好准备，还要求有过硬的技术。

⑦ 强烈推荐掌握非常可靠的爱斯基摩翻滚技术。

（5）Ⅴ级：专家。

① 水域很长，有障碍或激流非常猛烈，受伤的概率在平均水准以上。

② 在复杂和高要求的路线上，大跌水处可能会出现很大、不可避免的波浪和水洞或陡峭又拥挤的瀑布。

③ 激流之间的水域通常会有力量巨大的漩涡，对划艇者的身体素质要求很高。

④ 经常会出现4米以上的巨浪，湍急且很难跨越。

⑤ 强制要求进行勘察。

⑥ 即使对于专家来说，救援也是极其困难的。

⑦ 要求有非常可靠的爱斯基摩翻滚能力和非常可靠的救援技巧。

（6）Ⅵ级：几乎不可能。

① Ⅴ级的各种困难在这个级别中都有。

② 几乎不可能完成而且很危险。

③ 高风险而且救援几乎无法实现。

④ 对于整个都是专家的队伍来说，也只能在其中某一段水域进行仔细的研究并做好所有的预防措施后可以尝试。

（二）影响河流分类的因素

本量化标准作为大体上的一个指导方针会受到更多具体条件的影响。例如，按照此标准把某条河流列为“Ⅱ级”，但在实际情况当中，这条河可能包含了更容易的“Ⅰ级”水域，或更难的“Ⅳ级”激流。

打算在一个陌生区域尝试有难度的水域的划艇者们，对于即将尝试的水域应该进行非常详细的勘察，清楚该水域的难度，了解该水域潜在的风险。即使在熟悉的水域，保持谨慎的态度总是没错的，因为所有的水域都可能随着时间的变化而变化。

河流会受到地质变动、倾倒的树木、天气和流量条件改变的影响。洪水或大坝开闸会突然改变水岸线，划艇者们必须清楚河流上这些可能的情况。在大流量的情况下，一些中等难度的激流也会变得对生命有威胁，尽管原来非常困难的水洞会被大流量掩盖，只剩下大波浪。

其他环境因素也可以影响河流分类。

（1）附近有无道路会影响事故发生时的救援效果。

（2）寒冷天气或冰冷河水（当河水温度降到10℃以下时，失温的可能性就大大增加，而这时水面却没有太大变化）。

四、阅读河流的责任

在双人皮艇上，选择路线是两个人共同的责任。通常，相对来说处于上游的划艇者能够更清楚地看到整个情景，位于下游的划艇者则最接近障碍物，并负责选择即刻的路线。

划艇者们基于各自的能力和划桨风格，在阅读河流时，会产生对总体路线选择的分歧。在阅读河流时，最重要的考虑是选择符合划艇者能力的路线。

建议划艇者们选择可以掌控并能进行自救的路线。划艇者的技术必须能够让他们在碰到危险之前及时停住或者靠岸。另外，建议划艇者们选择可以平安航行且不会因游泳而受伤的水流。在河流上划水的最终责任还是会落在个人肩上，无论他们从其他划艇者那里可能得到了什么建议。

个人在进行以下决定时必须单独承担责任。

（1）评估个人能力并预见水域的难度。

（2）选择合适的装备器械，包括适合个体技术的船只和恰当的救援和逃生工具。

（3）勘察任何激流（其他成员可能会提供建议，但是划艇者必须抵抗住来自划桨技术比自己高的人的压力）。

（4）进入或者离开一条勘察过的河流（决定是否放弃退出或抓住机会是个体的选择）。

（5）持续对个体和团队的情况进行评估，在时机恰当时表达自己的担忧和想法，并坚持自己认为最安全的行动路线。

划艇者必须对自己的划艇能力和其团队有清楚的了解。技术较差的划艇者应该与能力更高的划艇者配对。划艇者必须确定是否某个水域超过了他们的能力；提高符合相应水域要求的划桨技术和团队合作能力；面对可能会持续遇到的困难，需要较强的心理承受能力；及时调整心态以面对因年龄、健康和体质改变而下降的技术；在项目或旅途开始之前向团队成员讲明自己的状态、顾虑。

划艇者在选择路线穿越激流时通常有不同的选择。水平比较高的划艇者热衷于玩各种花式动作，他们还会在河上搜寻更加刺激的水流。相反，长途旅行的普通皮划艇爱好者通常会更谨慎地选择路线，远离障碍并尽量保持与水流方向相同。

五、在河上划行

在河上划行的技术需要多多进行练习，熟能生巧。掌握阅读河流的技术是第一步，然后就是积累在河上操作艇只的经验。一名划艇者必须能制订出越过激流的良好策略，然后利用娴熟的技术和丰富的经验穿越激流。

（一）划艇者需要承担基本的河流航行责任

（1）不要让艇只失控。划艇者的技术要保证能够在触碰危险之前安全到岸。

（2）不要去尝试在你能力之上的激流。划艇者们要确保自己可以安全地在激流上划行，如果翻艇了，游泳逃生也不会受伤。

（3）不断评估你的身心状况，并选择适合你的能力难度的激流。划艇者们应该为自己选择当时最佳的行动路线。

（二）基本划行策略

对于在河上划行，有两条最基本的策略：一是保守，二是激进。

采用保守的策略进行划行意味着艇的速度不超过水流速度。通常，野外旅行者会采用这种策略，休闲划艇者在勘察陌生或高难度下降处时也会采用该策略。

这些划艇者通常会选择风险不高、较慢的路线，这可以通过推桨来实现。推桨可以给桨手更多时间去勘察激流，做出与路线有关的决定或者修正路线。

普遍的保守策略包括：在河流转弯处的内部返回去；侧划过岩石；待在漩涡处；在遇到高的波浪时采用推桨，以让艇从波浪上方骑过而不是潜过去。

采用激进的策略进行划行，通常意味着尽可能地比水流划得快，这样的划行会变得很吓人，因为行动发生在电光火石之间，划艇者需要快速做出决定。这些划艇者通过利用水流进行各种花式操作，称得上是“水上玩家”。他们可以在很小的区域内玩尽花样，并常常借着漩涡逆流而上后再划一次。于是他们在顺流而下很长的距离时也不会去划桨，因为他们实际上在短距离之内来来回回已经划了很多次了。

这种激进策略常常要求划艇者采用前进的力量以控制艇只，他们经常会故意选择最快、最刺激的河道，也会经常把艇打横玩花式。当被淹或需要自救时，这些艇只回正能力很强，很容易翻滚回来。

（三）普遍的操作动作

（1）逆流而上，漩涡转向。

（2）努力穿过水流向前划行。

（3）冲浪并侧划过洞穴。

随着操作难度的增加，划艇者们以技术对抗河流的力量时，也在增加风险。在河上划行需要划艇者识别不太容易发现的危险并能够避开它们。

最常见的“杀手”有大浪、寒冷、滤洞、大坝、堰、暗礁、水洞等。

第二节　湖泊

初学者划行皮划艇进入湖泊时，必须遵循以下几点：近岸划行，非航运水道，无离岸风浪，保证水面适合皮划艇运动。下水前，必须充分了解湖泊水域情况，进入水库，必须了解水库泄洪渠等人工设施位置。在不同湖泊水域了解救援情况、水域大小等因素。

教练员必须让学员熟悉湖泊类型（湖泊类型请查询相关资料），提高知识储备及能力。

教学方法：教练员可以采用现场教学及视频演示方式，介绍不同湖泊水流、风力、水域情况等，学员通过实际体会近岸及湖内不同情况学习掌握知识。

一、湖泊的基础知识

在进入湖泊前，应了解湖泊的构成情况，注入河流、输出河流的分布，湖面面积，水位变化，风力影响，动植物情况。

（一）湖泊水流情况

在进入湖泊前应了解湖泊内水流情况，分析在无风、无浪情况下水流是否会对皮划艇造成不利影响。

（二）湖面面积

开始活动前需要了解湖面面积。初学者应遵循近岸原则，切勿擅自改变计划穿越湖泊。在不清楚湖泊面积的情况下，必须在近岸活动。在了解湖泊面积情况下，需团队穿越。

（三）水位变化

提前查询相关湖泊水位变化信息。在不同季节，水位变换可能出现不同的状况，可能出现原有登记码头淹没等不利因素。可通过查询官方信息了解，也可通过向当地组织管理部门询问了解。

（四）风力影响

我国处于季风影响范围内，不同季节受季风影响不同，同时要考虑湖泊走向。如冬季多西北风，通常情况下湖泊西北岸易形成离岸风，东南岸易形成浪区。

（五）动植物影响

提前知晓当地湖泊水生生物类型，是否有对皮划艇运动不利的动植物，例如鳄鱼、食人鱼、水蛇等危险动物和有毒水生植物等。

当遇到堵塞河道的水葫芦等植物时，切勿强行闯入，可能会出现被围困的危险。应及时撤退，近岸登陆，观察湖面情况。

二、湖泊划行的技巧

（一）近岸划行

当处在离岸风与近岸风情况下，请注意划行路线与岸边距离，保持在可控制范围内。此时沿岸划行通常为侧风，注意侧浪，通过低位支撑保持艇体平衡。

当处在顺风及逆风情况下，请注意风向与水流流向，如有返程计划，需综合考虑划行距离。此时沿岸划行通常为顺风或逆风，注意前后浪，通过低位支撑保持平衡。如遇后浪，及时调整艇只角度。

近岸划行通常不会形成大浪，这也是避免危险的一种路线。但在湖泊内半岛等突出处转弯时应注意水流及风向变化，可通过观察水面波浪方向及大小判断是否进入。

高山峡谷湖泊近岸划行时，需注意山体落石等情况，应配备头盔等护具，与悬崖保持距离，且不应大声喊叫，避免回声引发震动，形成落石。

水库内近岸划行时，避免在坝体附近划行，远离泄洪口。水库高水位时，通常岸边有许多淹没于水中的树木等，请保持一定距离，避免被挂住或落水时受伤。

（二）跳岛划行

湖泊内跳岛时请注意测量划行距离，如能用肉眼确认岛屿位置为最佳，如不能确认岛屿位置，必须配备指南针。

考虑到湖泊内跳岛受到航道影响较多，所以请提前勘察划行路线是否进过航道。

通过航道时，请确保团队集合紧密，快速通过。

湖泊内跳岛时需考虑返程时间及路线规划，避免不必要的计划变动。

（三）穿越湖泊

穿越通常是最有难度且最危险的划行。穿越前必须了解穿越距离、天气变化、自身能力等情况。

提前确定折返点，如遇紧急情况应知晓返程用时。当天气、水况、身体等因素不允许进行穿越时，必须立即停止，并适时选择返程路线，切勿一意孤行。

穿越湖泊时，请准备充足的补给用品，例如水、能量食品、指南针、水域地图、有效的通信工具、保暖衣物等。

对于天气的要求，请避免在不利于皮划艇划行的天气出行，低温或高温也不利于穿越。如遇极端天气如雷电、洪水、暴雨、狂风等，绝对禁止皮划艇穿越湖泊。

第三节 海洋

在海洋中划行皮划艇（以下简称海划）需要掌握的知识非常多，主要有天气、海况、装备、桨手能力等。在学习及掌握的过程中，我们不仅需要了解理论知识，还要知道在实际划行时的操作技能。不同国家、不同地区的海洋环境各不相同，但总结起来是可以通过训练掌握一套完善的知识及技能的。所以在学习并掌握基础技能后，需因地制宜，切合当地海况等因素，多加训练。

一、天气因素

海划中，天气的影响是非常大的，通常包括气温、风向、风速、雨雪等，以及雷电、暴雨、冰雹、大雾等极端天气。

极端天气时（包含任何形式预警的极端天气），绝对禁止任何形式的皮划艇海划活动。在各地气象局（中心）发布预警信息后，不论预警级别，必须停止已开始的活动或停止下海开始活动，待进一步确认天气信息后谨慎判断是否开展活动。

（一）气温

不同季节时气温对皮划艇活动影响非常大，且容易被忽略。通常夏季容易产生中暑、失水、晒伤等症状，当人体有明显察觉时，症状已经显现。所以在夏季必须做好防暑、补水、防晒等措施。

通常夏季划艇需避开12～14时的最高温时段。

补水应采用多次少量的原则，持续为身体补水。

夏季防晒可采用穿着防晒衣、戴防晒帽、涂抹防晒霜等措施。防晒霜需下水前提前涂抹，并清洗掌心，避免出现因防晒霜造成的滑桨，握桨不牢等。

冬季划艇时，应当注意失温、大风等危险因素。人体失温后果非常严重，失温是指人体热量流失大于热量补给，从而造成人体核心区温度降低，并产生一系列寒颤、迷茫、心肺功能衰竭等症状，甚至最终造成死亡的病症。这里所谓的人体核心区，主要是指大脑和躯干内的心、肺等维持生命的主要器官，这一概念是相对人体四肢和表层皮肤而言的。

轻度失温：核心温度在35.55℃～37℃。原因是外围血管收缩。体征：不能控制地发抖，不能做复杂的动作。其中在36℃～37℃时，体征正常，可能开始发抖；在35℃～37℃时，会感到冷，抖动可轻可重，手开始发僵。划艇时可以观察到手部发抖、划桨无力、人坐不直。

中度失温：核心温度在33.88～35℃。原因是外围的血流量不足。体征：意识茫然，动作协调性开始丧失，尤其是手部；说话含糊，剧烈地抖动，行为失常，例如，开始脱衣服，但自己不觉得冷；会出现激烈地抖动，动作不协调开始明显，动作慢且看上去费劲，脚下开始磕磕绊绊，开始迷糊，也或表现为警觉。划艇时，无法保持平衡导致翻艇。

一般划艇时不会出现重度失温，因为在中度失温时人体已经无法维持继续划艇。考虑到安全及救援时间，出海时，团队内须相互观察，并相互提醒是否出现失温，在初期阶段就应及时作出判断，避免严重后果的产生。

冬季大风天气较多，且大风天会带来快速降温，天气变化无常。此时应及时寻找避风港或码头靠岸，待天气好转后出行。

（二）风向

风向是制订皮划艇旅程计划时就必须考虑的内容。在出海前，应制订详细的行程计划，并且考虑当季的风向对于近岸划行、绕岛划行、穿越划行等线路的影响。

当风向受季风影响时通常是固定的，应考虑风向并选择好出海方位、返回方位。如果受到冷暖气流影响且导致气流不稳定、风向变化多，一定要结合气象预报与划行海域的综合情况而定，例如，海上环岛划行时，遇到不稳定天气，当出现逆风，风力较大，皮划艇无法形成有效前进距离，且已远离海岛时，就应该取消计划。切记：在出发前要充分了解岛上救援条件及应急反应时间，并做好行前准备。

（三）风速

1.海上大风预警等级

海上大风预警分为三个等级，分别为海上大风蓝色预警、海上大风黄色预警和海上大风红色预警。

2.海上大风预警等级发布规范

海上大风预警等级发布规范见表4-1。

表 4-1 海上大风预警等级发布规范

海上大风预警等级	风力 / 级	阵风风力 / 级
海上大风蓝色预警	7～8	9～10
海上大风黄色预警	9～10	11～12
海上大风红色预警	≥ 11	≥ 13

预报海区内未来48小时内可能出现7～8级风力（或阵风风力9～10级）时，或者已经出现并将持续时，发布海上大风蓝色预警。

预报海区内未来48小时内可能出现9~10级风力（或阵风风力11～12级）时，或者已经出现并将持续时，发布海上大风黄色预警。

预报海区内未来48小时内可能出现11级及以上风力（或阵风风力13级及以上）时，或者已经出现并将持续时，发布海上大风红色预警。

收到发布预警信号后，应立即停止水上活动。活动开展期间应保持与陆地人员联系，当陆地人员收到预警信息后，第一时间通知水上人员，结束活动，就近靠岸。

（四）雨雪天

在雨天时，应当注意提高自身在海洋中的辨识度，避免能见度的降低导致不必要的海上碰撞。海上下雨时也会伴有大风大浪，应注意风浪中的划行动作。

冬季雨天容易导致低温症，所以冬季雨天可穿着干式防水衣、防水帽等防水用品，避免被雨水淋湿导致体温过低。

二、海况

（一）海浪高度对照表

表4–2 为海浪高度对照表。

表 4–2 海浪高度对照表

级别	名称	高度（米）	适合人群
0	海面如镜	0	所有人群
1	微波	0.1 ～ 0.3	初学者
2	小波	0.3 ～ 0.6	初学者
3	轻浪	0.6 ～ 1.20	有经验者
4	中浪	1.20 ～ 2.0	玩家
5	大浪	2.0 ～ 3.0	专业玩家
6	巨浪	3.0 ～ 6.0	不适合皮划艇
7	狂浪	6.0 ～ 9.0	不适合皮划艇
8	怒涛	9.0 ～ 14.0	不适合皮划艇
9	汹涛	＞ 14.0	不适合皮划艇

（二）海峡地区

由于海峡地区特殊的地形，容易形成不稳定的水况，给皮划艇运动带来诸多安全隐患。以下针对普遍情况列出一些海峡水域包含的水况。

海岸收紧，形成高流速、不稳定的水流。这种情况多出现在河流入海口，这样的地形会形成类似河流中白水的情况，海面流速高并伴有不规则白色浪花。此时应尽量贴近岸边划行。如是逆流尝试进入后没有有效的前进距离，应立刻撤出；如是顺流，应减少划桨次数，靠自然流速前进，并随时准备高低位支撑，对抗风浪时不应躲避，冲破压浪为首选。

（三）桥墩

过跨海大桥等桥墩时，应注意在远处停留，有条件的应当上岸走近观察。确认水面没有漩涡，桥墩下没有钢筋、碎石、浅滩等情况时再逐个通过桥墩。注意，绝对不允许通过桥下航道。

（四）潮汐

受到潮汐的影响，水流会发生变化，在线路设计时就应考虑。潮汐还会影响到岸边水位线，有时会淹没码头、较浅的近岸或洞穴，必须准确计算涨退潮时间，避免搁浅或进入洞穴后涨潮。

三、装备

这里说的装备并不是介绍具体装备，而是针对海洋环境下我们需要准备使用的装备，以及在海洋环境下我们选择装备所需考虑的因素。

（一）抗腐蚀性

海洋环境下首先要考虑的是你所携带的装备是否具有抗海水腐蚀性。例如，漂流刀是否防锈，救生衣上是否有铁质物品。因为在海洋中，腐蚀现象是非常普遍的，包括对艇身、桨、防水裙、救生衣等装备的腐蚀，所以建议在每次划行结束后立即用淡水冲洗所有装备。

（二）适合长途

在装备的选择上，我们需要考虑是否适合海洋中的长途划行，是否便于携带，是否有利于救援，是否做好预备方案。

例如在海洋中划行，不提倡使用贝壳桨（勺形桨、竞速桨），原因在于虽然有非常好的抓水效果且能够带来速度，但弊端是不利于长途划行，并且不利于在风浪中做出压水平衡等动作。

（三）仓储

海洋中还需考虑存储的问题，如果将所有物品存储在前后舱内，问题就出现了，这样做不方便在水上拿取物品。但将过大过重的物品放于前后甲板上，容易挡视线且重心过高，稳定性差。前后舱的比重也非常重要，如前后重量过于悬殊，容易造成艇头过于压浪或艇尾吃水线太深造成进水。因此，需要综合考虑前后舱所放行李的比重，以及划行时可能随手用到的物品要合理地收纳在甲板上。例如水、抛绳包、抽水泵、浮桨袋、头盔、备用桨以及少量高热量食物，这些应放在甲板上，且应用弹力绳绕在每个物体上，保证不落水。如果只是单纯用弹力绳扣在甲板上，在翻艇时，这些东西很容易丢失，那么在关键时刻就等于没有这些应急装备。部分装备也可以放在最靠近座舱的位置，如可以方便存取物品的圆舱中。

（四）救援装备

在海洋中划行，救援装备分为主动救援装备、被动救援装备及施救装备。

主动救援装备指的是在发生或即将发生危险时，划艇者可以快速自助地利用装备解决问题，例如漂流匕首、备用桨、浮桨包、排水泵等。

被动救援装备指的是在发生或即将发生危险时，划艇者可以快速有效地利用装备被救援，以及快速协作救援，例如救生衣、救生快挂等。

施救装备是在协同救援时，便于施救者开展救援行动的装备，例如救援抛绳包、救援滑轮组等。

（五）备用装备

备用装备是出海前制订备用计划中必不可少的装备，特点在于便于携带，不增加原计划的负担且安全可靠。出海划行时，备用桨一定是必不可少的，当在海洋中时，没有桨就等于失去了一切。水杯、防水袋、浮桨袋、食物、救生口哨等都可有备份。

四、划艇者能力

正确地判断自身能力是确保安全的第一要素。原则就是知道自己的底线，给自己留有余地。出海划行前，请一定仔细考虑，是否有超出能力范围的事，一定不要高估自己，也不可过于冒险。

可通过自我提问的方式进行自身能力的判断：①我是否划过类似的水域？②我的同伴是否划过类似的水域？③同伴的能力是否在我之上？④我与同伴有一起划行过吗？我们是否了解彼此？⑤我充分了解过这片水域了吗？⑥我的装备是否准备充分？

（一）划艇者能力的判断

一个团队的能力取决于团队中能力最为平庸的一位，所以必须了解团队中每一位成员的能力。

每位划艇者必须充分认识自身能力，判断自身水平。例如，在技巧上是否掌握爱斯基摩翻滚，是否了解高、低位支撑和后舵、前舵等技术动作。

（二）团队协作提升能力

一个合作密切、分工明确的团队往往会大大提升团队能力。这里我们指的能力是综合的，包括划行效率、距离、救援能力、挑战水域等。

（三）划艇者能力的技术要求

1.基本要求准则

（1）能够在水下屏住呼吸，下水时必须穿着合身的救生衣，能够在水上独立翻身并保持头部在水面以上。

（2）能够独立或通过同伴的帮助解决所有个人困境。

（3）能够独立或通过同伴的帮助完成各个步骤。

2.技术知识

（1）划艇装备使用常识。

（2）了解划艇的风险及如何避免。

（3）冷水休克相关知识。

（4）失温、高温相关知识。

（5）环境问题。

（6）旅行计划。

（7）团队意识。

（8）安全绑艇至行李架。

3.划桨操作内容

（1）抬艇和运艇：正确且安全的技术。

（2）出发：在码头或水岸较低的情况下，以安全的方式入艇。

（3）有效向前划行：直线向前划行200米。

（4）停止：行进中停艇，包括直行和后退中停止。

（5）后退划行：平稳倒退划行50米。

（6）调头：通过前进和后退扫桨完成360° 原地调头。

（7）移动中转弯：在航行中扫桨转弯。

（8）“8”字划行：使用多种桨法完成“8”字环绕划行。

（9）上岸：返回岸边并安全出艇。

（10）平移：单侧平移5米（两边均需）。

（11）带舵划行。

（12）防止翻艇：低位支撑。

（13）防止翻艇：高位支撑。

（14）侧倾转弯：较好地完成单边侧倾低位支撑扫桨转弯。

（15）皮艇旅行：完成一次单日旅行，不少于9.3千米。

（16）进阶技能（不要求通过）：摇橹平移，艇首复位，侧倾立刃，支撑划艇。

4. 救援及安全部分

（1）穿防水裙完成水下脱艇。

（2）携带全套划艇装备和干艇游到岸边，不少于50米。

（3）“T”型救援及水中入艇。

（4）用浮桨包完成自救。

（5）强行推艇上岸。

第五章

安全与救援

第一节　基本安全指导方针

一、安全第一的主旨

皮划艇运动丰富多样，有在静水里进行的休闲皮划艇、竞速皮划艇和皮艇球，有在江河湖海里进行的花样（花式）皮划艇、野水激流皮划艇等。正是竞速皮划艇快速划行的速度感、皮艇球激烈的对抗性、休闲皮划艇旅行带来的美感、挑战岩石（河流）激流带来的成就感，使皮划艇运动充满了魅力！但所有这一切，都必须在安全的基础上进行。

任何运动都具有风险性，皮划艇作为一项户外水上运动也是如此。皮划艇运动是在开放的江河湖海中进行的运动，天气、水流、地貌（地形）等自然因素，都可能成为危险因素，我们的目标不是让参与者消除这些风险，而是通过我们有意识的行为将风险控制在可接受的水平。

皮划艇运动在国内外发生的一些个别事故，究其原因是参与者缺乏“安全第一”的意识，或者是参与者缺乏必要的从事户外水上皮划艇运动的安全知识。

因此，指导皮划艇运动的首要任务是让学员建立安全意识，使之学会在皮划艇运动中保证安全的基本技能。安全救援技术和划行技术的教学必须同步进行。

二、意外事故常见原因

（1）皮划艇运动员（划艇者）没有穿个人漂浮设备（例如救生衣），救生衣常常被遗忘或仅仅只作为补充物。

（2）下水前不考虑水温和气候。许多事故发生在春季，尤其是汛期，比如春季的一个周末，阳光明媚，水位高、水温低。通常，冷水会给人造成冷水休克，在这样的低温条件下，划行（划艇）者落水后很容易发生溺水，因为冷水和低温天气会抑制人的自救能力。

（3）出事的一般都是没有经验的皮划艇玩家。他们都没有接受过正规的指导和训练，中国一些自学的皮划艇爱好者都不太了解皮划艇运动，尤其是激流中存在的风险。值得注意的是，即便是有经验的划艇者也会发生事故，虽然所占比例不大，但仍在逐年上升。

（4）酒精也是一个危险因素。许多人都是在喝醉时发生意外的。同样，药物也会影响划艇者的协调和判断能力，酿成大祸。

（5）出事的人往往不太会游泳。发生溺水的人游泳水平往往都不高，而划行者放松的能力和很好的游泳能力能让其在紧张情况下表现自如。当然，即使游泳技术很好，也会由于其他因素发生危险，不可放松警惕。

（6）划行者有时会错误判断自己的能力，经常会去尝试那些对于他们目前技术水平来讲还比较困难的动作，其实有了指导是可以快速完成这些动作的。通常，在危险情境下划艇者有各自不同的经验，如果还无法理解所出现的错误以及不知如何应对时，就去尝试困难的动作，这样往往会使他们面临更高的风险。在超出自己能力范围的水域环境划行有很大的风险，例如大风大浪、激流等难度系数高的水域。

（7）环境因素的改变会带来很多因素的变化，若因过去的成绩而自满，就会让划艇者在面对环境改变时出现问题。例如，水位波动会直接影响划艇者的水性，而倒下的树木也会带来新的危险。

（8）设备不足会影响运动员的表现。如缺少浮力的艇倾覆后就很难恢复过来。

（9）在划行中缺少后援会影响事故中救援行动的有效性。在激流中，划行者少于3个人都是危险的，因为人多能提供迅速、高效的安全救助。

三、加强安全指导的六大要素

在任何的皮划艇教学中，都要明确指出学员提升运动中安全意识的重要性。学员需要掌握能直接保证自身安全的技能，他们应该明白，他们需要为自己的人身安全负责，同时要有团队意识，及时帮助同组的其他队员。

预防事故的关键是加强安全指导，教练员要在安全的学习环境中考虑以下内容。

（1）个人承担风险。学员应该理解活动固有的危险，并能意识到教练员不能完全保证他们的安全，学员应该为自己的行为承担责任，并意识到自己的行为可能影响活动的下一步进展，他们要为参加任何皮划艇活动中的自身安全负最终责任。

（2）熟悉皮划艇运动的基本原则。合适的着装、装备、团队组织和练习是划艇者教育的必要组成部分。

（3）自救是皮划艇运动中任何救援的基础。学员必须了解自己在危险事故中的责任，他们必须直接采取行动来保证自身安全，应该在平时多练习自救技能，学员应当明白，个人自救能力会直接影响其他救援者帮助他们的效果。

（4）活动的全面进展。教练员必须制订一系列的计划以保证学员对基础技能的充分学习，训练活动设计应该满足该组中最没有经验或技术最差的那些人的能力。在掌握基本技能之后，教练员可以在静水或有流速的水中逐渐开展更高一层的训练，有了这些经验，他们就能获得适应激流的技能。

（5）合适的环境。天气和地形的选择是一个重要的安全因素，空气温度、水温、风和降水都会影响划艇者的能力，教学环境也要适合学员的能力水平。

（6）救援和紧急情况的应急预案。教练员应该能够执行应急程序救援或疏散受伤、生病的划艇者，团队也应该准备好适当的安全设备和合理的救援技术来应对可能发生的突发事件。

第二节 风险预防

一、环境识别能力

（一）阅读河流

阅读河流分为两步。首先，划艇者必须选择整条河流上一段总体来说还算安全的路线；其次，划艇者必须规避这条路线上的各种危险障碍。

没有经验的划艇者通常无法完全读懂河流以选择最佳的路线并避开障碍，以下办法有助于划艇者阅读河流并避开障碍。

（1）在河流离开视线之前，尽力往下游最远的地方看，找到最佳的河道，然后再回到艇上来。

（2）不断地重复第一步。

（3）立即采取行动将艇划入合适的河道。

（4）如果是两人同行，进行沟通，形成一个行动计划。

（5）在以下三种情况下做好准备，停止划艇并进行勘察：①河流从视野中消失；②水平线出现；③河水太混乱以致无法进行阅读。

（6）在对路线选择进行分析后，对划行路线做出个人的决定。

了解河流的整个环境，熟悉安全的河岸位置，才能进行救援或自救。如果在面对障碍时，划艇者无法将艇与水流方向保持一致，船只就会有打横撞上障碍的风险。初学者由于无法及时发现障碍，需要在临近障碍时选择一条绕过障碍的路线，因此行动太晚或者无法与同伴清楚地沟通行动计划经常会导致将艇打横。

当划艇者把艇打横了，他们应该按以下方法处理。

（1）顺流下去划离障碍以避免被卡住。

（2）如果是开放座舱型艇，把艇向下游方向立刃，以避免水流将艇打翻。

（3）如果是封闭座舱型艇，将艇向一侧立刃，同样避免被水流打翻。

（4）通过转到顺流方向，把艇从障碍物那里旋转出来。

（5）如果艇卡在障碍物上，做好弃艇的准备。

（6）避免划入或被冲进下游强激流的地方，因为划艇者在强激流水域中容易失去平衡，翻艇后如果被卡在水下，若不能及时翻滚自救，将非常危险。

此处涉及两种常见的高难度（危险）打横（横向打翻）。

艇中部打横（打翻）（Amidship Broach）：艇的旋转中点被卡住了，这样想让艇旋转离开障碍变得很困难，通常需要救援者将受困艇的上面部分保持在水面以上或者将卡住的艇移开。

首尾打横（打翻）（Double End Broach）：艇的首尾都卡在岩石中，这样也无法通过旋转脱险，如果划艇者无法将艇的方向调整过来，艇就会被淹没，然后桨手可能陷在河底。行动迅速的划艇者可以离开皮划艇，到障碍上方的安全处，他们可以将艇的一头抬起，水流会帮助他们将艇的另一头冲离障碍。

（二）天文知识及其运用（天气因素）

皮划艇是一项户外水上运动，所以提前了解当地的气候和天气预报是非常重要和有帮助的。

天气的影响主要来自气温、风、雾、降雨、雷电等。

如果气温过高，可能有中暑的隐患；如果气温过低，就会有失温的风险。

风对于在开阔水域划艇的人来说，是非常重要的一个环境因素。当划艇者顺风划行的时候，会事半功倍；如果逆风或侧风划行，就需要消耗更多的体力。有时顶风划行的时候，可能划艇者竭尽了全力，但实际上他的划行轨迹是被风推着倒退的，当风从侧面袭来的时候，划艇者还需要克服风向标现象的干扰。

雾会降低能见度，使划艇者失去方向感和位置感，增加迷失航向的危险。尤其是单人划艇的时候，就更加危险，应时刻携带稳定的导航、定位装置，例如GPS、手机、高频对讲机。

降雨会让划艇者身体淋湿，从而增加失温的风险。提前了解当地当日的天气预报，出行时携带防雨、防水的衣物是明智的选择。

雷电是非常危险的自然现象。在陆地上，我们可以比较容易地找到躲避的空间，但是在开阔水域，遇到雷电是非常糟糕的情况，因为划艇者没有任何躲避的选择，所以在出行前一定要详细了解当地的天气预报，并且实时关注天气情况，作出合理的预案。

（三）阅读地形和海岸线

1.阅读河流地形

地形代指地势高低起伏的变化，对河流而言会影响其流向、流速。划艇者在阅读地形时实际上是在阅读河流的形态，规划自己的划行方案。

阅读河流地形，需要考察河流落差、宽度、转弯处，考察浅滩石滩方位、河水的流速，并估计可能存在的障碍物，如漩涡、急流、岩石、滩涂、浪峰等。

2.阅读海岸线

海岸线是陆地与海洋的交汇处，阅读海岸线隆起与否，实际上是阅读地形的起伏、观察海峡有无收紧，从而推测水流入海的流速，考察是否有浪或是否顺流。阅读海岸线，还需要根据时间、地形、地势来考察是否有潮汐影响，是否存在漩涡或浅滩，从而做好应对准备。

二、后勤保障能力

（一）个人装备

1.个人漂浮装置（PFD）

划艇者应该选择有合格标志的救生衣以保证有足够的浮力，以及对身体的保护。以前的脖颈圈木丝棉填充材质（Kapok）款式只是让个体的头不接触水就可以了，而且无法提供足够的保护或保暖。划艇者常常使用“Type III”型救生衣，这种救生衣的特点是将划艇者的下肢完全封闭在艇中。这一类型的救生衣的漂浮装置提供了很好的浮力，还可以很好地保护身体以及保暖。（图5–1）

图 5–1 个人漂浮装置

2.头盔

封闭座舱型艇的划艇者在划桨时会戴头盔以保护头部。划桨速率更快，更有可能出现划桨失误的开放座舱型艇的划艇者现在也越来越多地戴头盔了。头盔采用坚实的塑料或玻璃纤维保护壳制成，其流线型设计有助于对风力进行缓冲分流。划艇者必须恰当地佩戴头盔，这样头部才会受到保护。图5–2是皮划艇头盔及其他常用装备。

（二）艇的调配

划艇者必须为艇做好调配以保证自身安全，能够快速无阻碍地从艇中出来。安全地调配需要考虑以下几点。

1.充足的浮力

充足的浮力是最基本的一点，这样就不会在翻艇后舱内进水时被淹没。封闭座舱型艇的辅助浮力设备包括可充气的安全气囊、多种泡沫塑料型材料；开放座舱型艇的辅助浮力包括可充气的安全气囊、泡沫塑料隔挡和艇胎的内部。浮力越大，翻艇之后排开的水就越多，就更容易获救，必须重视艇的浮力安全。

图5-2　皮划艇常用装备

2.厚实的皮带

厚实的皮带一般用于划艇，以帮助划艇者更轻松地倾斜艇体。如果翻艇了，划艇者必须快速去掉皮带。使用厚实皮带的开放划艇的划艇者必须戴头盔。

3.防浪裙

防浪裙必须能迅速地掀开，在正常水流的冲击下，它们不会自己松开。防浪裙型号不同，要选和艇舱口尺寸相符的防浪裙。在穿戴时注意将安全环放在外面，易于手拉打开舱口。（图5-3）

图5-3　防浪裙

4. 足够结实的艇体结构

足够结实的艇体结构可以防止艇在被卡住时，被水的冲击力压迫导致变形并卡住划艇者的腿。当艇被卡住时，艇内应该有足够的结构空间让划艇者安全脱艇。

5. 配套工具

配套工具的储备可以不让划艇者纠缠于绳索、绳索系统以及其他工具。

（三）急救装备

领队团队通常会为参与者准备好急救装备，以应对岸上或水上的事故或伤病发生。

准备程度取决于领队团队中医务人员的水平和旅途的性质。长距离划行或野外旅途需要额外的准备。

一个急救包至少包含纱布、药膏、消毒剂、止痛药、急救电话号码，以及每位参与者的健康档案等。有特殊健康需求的参与者，例如对蚊虫叮咬过敏、有残疾等，最好在急救包中带上自己的药。

划艇者必须携带好装备以应对旅途中未知的危险，每个人都有责任带上合适的装备。

救生绳或救生绳包是救人或救艇必备。绳一般长约18米（60英尺），人们倾向选择救生绳包，因为它可以防止绳子缠在一起，划艇者要用救生绳不断进行练习以确定其有效救生距离。（图5–4）

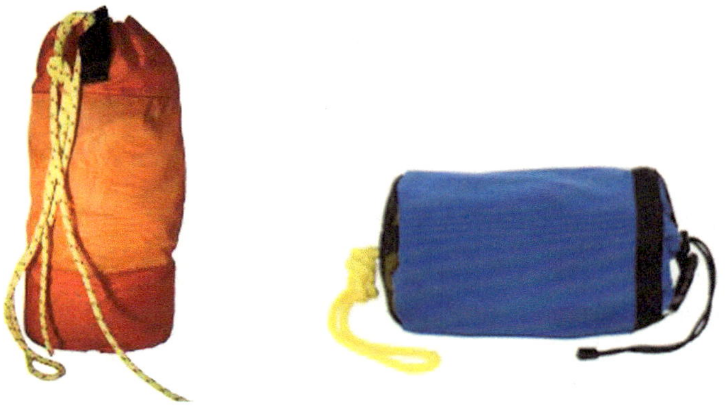

图5–4 救援抛绳包、拖绳包

系船的缆绳和手握抓环对救援都很有帮助，皮艇上的缆绳相比抓环更容易让划艇者抓住继而逃离艇只。

配件工具还可以包括远行的一些辅助用品和绳索以及维修设备。

第三节 急救安全

一、救援优先次序

每名划艇者都必须明确救援的优先次序，以避免在危急情境下出现慌乱，救援人员自己要避免成为被救者。救援的优先次序为人、艇、装备。

（一）落水的划艇者

所有的施救操作都得基于划艇者的自救，只要可能，划艇者就必须从艇中翻转或者脱艇成功。如果即刻的危险（抽筋、危险的激流）存在的话，划艇者必须立即游到安全地带。

划艇者还需对同伴负责。如果划艇者看不到同伴，他必须通过呼喊来确定其他人没有失去意识和受伤，同伴之间的沟通是有效救援的根本。

有经验的划艇者通常会本能地用手中的桨自救，只有确保了自身安全后，才会去考虑救艇和装备的问题。

此外，翻艇之后，划艇者会浸泡在水中，救援人员必须快速行动以避免其体温的降低。即使在暖和的季节，冰冷的河水也会让人麻木，从而削弱落水者的自救能力。

应对失温的最佳方法就是提前预防，因为冷水是可以致命的。水传导热量的能力比空气高32倍。因此，在落水的划艇者失去自救能力前采取快速有效的救援是十分必要的。

（二）艇

如果可能的话，划艇者必须尝试对艇也进行救援，艇可以浮起来，而且很容易被救援人员发现。然而，如果艇的重量与压力引发了不安全，或者划艇者已无法进行自救，救援人员就应该弃艇并游向安全地带。

（三）装备

在静水中，装备通常会浮在艇的附近，并且工具包会在水中摆动，划艇者要等安全后才可以去取包。在激流中，装备会集中在漩涡（洄水区）附近或河道的弯道处，确保自身安全后就可以去取。

建立救援的优先次序有助于提高救援的效率，如果所有的划艇者都明确其在救援操作中的责任，那么救援工作就可以变得更具效率。

二、陆上救援

（一）岸边救援

如果遇到了危险的激流，完备的安全系统将会发挥重要作用。对扔救生绳或救生绳包有经验的划艇者可以在岸边实施救援。岸边救援的最佳地点在激流下游的河道区域；因为那里几乎没有障碍，被救人员和艇在靠岸时不会撞上障碍。

在有暗礁和岩石的区域（如宽广的河域），救援者会使用救生绳，若没有障碍，救援则变得更有效。

放绳子的空间取决于水流速度和河岸区域。一般情况下，划艇者会将自己固定得足够远，这样绳子就不会搅在一起，第一条绳子先从上游扔出，如果前面扔得不理想或者被救者没有抓住绳子，那么就会按顺序扔第二条、第三条绳子，被救者错过几根绳子的几率很小。

如果打算扔救生绳包，在扔之前需要检查绳索以确保线圈能够轻松将绳子扔出去。如果使用救生绳，需要将其缠好，这样在扔出去时才不会缠绕在一起。

应事先进行抛救生绳或救生绳包的练习以提高扔的准度和距离。一条好的救生绳应该轻质、可漂浮，质量要可靠。

采取这种救援方式时，要注意以下几点。

（1）吸引被救者的注意力。

（2）救生绳扔出去后，大喊“绳子”。

（3）瞄准被救者或下游的人，将绳子扔给他，用扔保龄球的下手扔球方式去扔绳子。

（4）做好准备，用绳子将被救者拉回岸边，或者沿河岸移动以改变河道中被救者的位置来避开障碍。

救援者不要用身体的任何部位去包或者卷救生绳，因为绳子可能会收紧并把救援者拖下水。

一种特殊的情况是，一旦一条艇被障碍牵制住了，水流对艇的压力过大通常会导致划艇者难以去救援。为了克服这种来自水的冲击力，只有采用机械的援助。对于开放座舱式的艇，常见的救助办法是“史蒂夫·托马斯绳索法”（Steve Thomas Rope Trick），而其他机械工具，如Z-Drag则适用于所有艇。

（二）紧急医护救援

1.应对医疗危机的进阶准备

领队应该在活动开始前就问清楚参与者既往疾病史和服药史。

（1）影响运动表现的慢性症状，如过敏、身体协调问题以及身体残疾等。

（2）会影响运动表现的暂时出现的症状，如疾病和受伤等。

（3）是否服用影响肌肉协调、神志清晰的药物。

过敏的划艇者在划桨（行）途中需要携带药物，最近患有伤病的划艇者则需要让领队或团队领导者了解其身心状况。

各种机构可能会要求划艇者在医疗表格上记录其游泳能力，以确定他们在水上和水中的舒适等级。

在开展活动的任何阶段，急救箱都是非常重要的。在进行水上活动时，防水的急救箱可以绑在艇上，还可以在急救箱内存入紧急救援电话，如当地警方、救援团队和医院的。

划艇者还需要了解水域周围的大体情况。

（1）如果救护车出动了，可以告知救援团队自己所在的确切位置。

（2）如果有必要的话，可以将伤员开车送到就近的医院（所以列出水域附近医院的地址是个好主意）。

（3）团队的计划路线应该提前留给后援团队或是相关亲友，包括预计的回归时间，如果团队没有按时回来，需要向相关机构报告和求救。

2.对事故的医疗处置

对于很多划艇者来说，事故是很棘手的情况。如果划艇者不了解一些伤病的处置，就可能会对救援产生负面作用，增加紧张氛围，特别是如果伤员是划艇者的亲人或朋友，他们甚至会打断正在进行的治疗和救援。救助伤者是救援的第一要务，划艇者在不把情况搞得更复杂的情况下应该尽力伸出援手。

划艇者需要评估伤病的性质，并确定适合该情境的紧急救护程序，通常有两种情况：①照顾伤者；②照顾其他划艇者。

受过医疗培训且了解紧急救护的划艇者，应该立即向伤者实施医疗救助。他们可能也需要身旁其他划艇者的帮助。

其他没有参与救助的划艇者在安全情况下可以去打捞落水的各种装备，而如果在不安全的情况下去“营救”装备的话，反而会增加救援团队的额外负担。

3.撤离

一名受伤或生病的划艇者需要被撤离，团队成员如果对该地区很熟悉有助于找到一条最快速或最安全的撤离线路。

由于对地形地势有要求，撤离工作不仅困难而且体力消耗大，如果可能的话，团队成员应待在一起，共同取暖。分工明确会给大家带来身体和心理上的好处，对于团队的每位成员，最基本的要求是要有一个明确的行动计划。

如果团队需要向下游去寻找更适合的撤离点，则需要一种不同的组织方式。

（1）受伤的队员可能需要用艇运出去。

（2）多余的艇和工具可能需要存在一个地点，或者安排有能力的划艇者单独将其拖走。

（3）需要明确团队中新的领航者和收尾者。

（4）继续沿着下游探索新的路线。

在可能的情况下，如果信息传递员要去寻求更多的帮助，最好两人一组去，并且应该知晓以下救援信息。

（1）发生事故的各种细节，以及受伤者的各种症状。

（2）寻求救援的电话号码。

（3）了解受伤队员所在的具体地点。

如果在撤离的过程中团队走散了，那么每个小分队都应该彼此了解对方的下一步计划。正在撤离的团队应该为留下的队伍做好撤离的安排。

4.在事故或撤离之后

划艇者们应该回顾一下该事件并展开讨论，团队也有必要去分析事故的情境并表达各自对事件的感受。

受伤的队员通常需要其他划艇者的帮助来对事件进行分析。

有的组织要求在事故发生的当天，团队的领队或领导者就应该完成一份事故报告，及时完成有助于个人记住事故的细节，并将细节填进表格做好记录。

三、水上救援

（一）静水救援

在静水上翻艇或陷在水中可能由多种原因引起，如大风、水浪、机动船驶过、不理想的环境因素，以及划艇者薄弱的平衡能力等。在深水区，划艇者可以在不需要其他船只帮助的情况下救援倾翻的艇，熟练的技术和操作是非常重要的。

（二）自救

1.翻转

翻转（Capistrano），适合开放式的艇。划桨者将翻艇完全翻转过来，并钻到气囊下面。

划桨者共同合作，使用剪刀踢将艇推出水面，将其垂直竖立于水中。如果有更多的浮力将艇在水中托得很高，那么艇竖立时里面的水就更少。如果是浮力有限的艇，那么皮艇常常会翻并部分陷在水中。

2.低位震荡

低位震荡也适合开放式的艇。划艇者将陷在水里的艇竖立在水中，一名艇桨者将艇的一端往下推，在水流回来之前，一端必须举起来，如果艇的边缘更浅或者艇舷不内倾，那么就不会有太多的水在竖立的艇里面。

如果这些办法只是起到了部分作用，划艇者还能将艇划到岸边，可以再进一步地进行排水工作。

3.浮桨袋自救

配有浮桨袋的艇翻艇后可采用浮桨袋自救，操作步骤如下。

（1）翻艇后湿逃脱，拿到桨和浮桨袋，将脚伸进座舱，把桨叶插进浮桨袋，收缩浮

桨袋的松紧带，扣上卡扣，打开浮桨袋旋钮吹气。（图5–5）

（2）将艇翻正。（图5–6）

图5–5 打开浮桨袋旋钮吹气

图5–6 将艇翻正

（3）准备上艇，将桨杆放在靠近船舱后舷的位置，一只手抓住。（图5–7）

（4）上艇，双手支撑，使躯干压在后甲板上，一只脚先搭在桨杆上，然后另外一只脚再搭在桨杆上；一只脚先伸进座舱，转换手的位置，另外一只脚也伸进座舱。（图5–8）

图5–7 上艇抓桨

图5–8 上艇进座舱

（5）换手，翻转身体。（图5–9）

（6）用抽水泵抽水，收起浮桨袋和抽水泵，完成操作。（图5–10）

注意事项：湿逃脱后不脱艇不脱桨，脚钩住船舱，不要漏气进水，倒水时要先倾斜艇体使大气与艇舱的空气连通减小气压差带来的阻力，自由泳打腿提供向上的升力，爬艇时重心要低。

图5-9 换手，转身

图5-10 用抽水泵抽舱内的水

4.带着翻艇游回岸边

翻艇湿逃脱后，划艇者将艇翻正后沿着皮划艇移动到艇尾，结合游泳提供动力将艇推向岸边，然后上岸倒水。此方法适用于距离岸边比较近且没有辅助救援的情况。（图5-11）

图5-11 带翻艇游回岸边

（三）团队救援

船架船（boat-over-boat），适用于所有类型的艇。一艘救援艇划到倾翻于水中的艇的垂直位置，落水者移到倾翻艇的另一端，如果没有完全翻艇，该艇就需要翻转过来让水排出去。前后排的划艇者则移到一端去救援，救援人员将一端举起来，然后将艇横跨拉到救援艇的中部，而落水者将艇远端往下推以打破水的吸力。

将斜放的皮划艇通过手递手的传递横跨到救援艇上面，直到稳定平衡，然后翻转过来再滑到水面上。被救的艇应与救援艇平行，便于落水者重新回到艇上。这样形成的双体艇可以使两艘艇都稳定，落水者回到艇上就不会再将艇翻倒了。如果需要的话，三体艇的稳定性则更高，在第三条艇上的划艇者将救援艇稳住，使得救援人员能够将落水者拉到空艇上去。

所有的划艇者都应该在救援工作中保持沟通通畅以减少任何混乱，有的时候需要对这项运动的新手进行指导，使之成为有效的自救或团队救援者。

1. “T”型救援

适用场景：一对一救援。

操作步骤如下：

（1）发生翻艇，落水者脱困尽量不脱离艇和桨，等待救援；施救者发现有人翻艇落水，应及时赶去救援。（图5-12）

（2）被救者扶着艇边游到施救者的艇头位置，抱住艇头，将桨递给施救者，施救者抬起艇头并左右摇晃艇体将舱里的水倒出。（图5-13）

图5-12 施救者及时救援

图5-13 施救者抬起艇头倒水

（3）将艇翻正后，使两条艇相向并齐，施救者抱住被救者的艇前甲板的位置以稳固艇，被救者准备爬艇。（图5-14）

（4）被救者爬艇，身体重心先放在后甲板上，一只脚先伸进舱内，另外一只脚再伸进去，重心低一点，旋转身体，坐进座舱，调整坐姿。（图5-15）

图5-14 被救者待爬艇

图5-15 被救者爬艇后进舱

（5）拿桨，救援结束。（图5-16）

注意事项：被救者要拍艇发出求救信号；施救者要和被救者及时沟通；湿逃脱后不能脱艇脱桨；被救者扶着自己的艇头等待救援时，自己的艇要处在身体和施救者的艇之间，以免发生碰撞；爬艇时重心要低；被救者不挥手时就可能在脱困，这时施救者不要着急靠近被救者，以免发生碰撞。

图5-16 拿桨

2. “勺式”救援

适用场景：被救者由于体力不支、受伤等原因无法成功爬艇。

操作步骤如下：

（1）发现落水者，施救者将两条艇并在一起，引导被救者实施救援，被救者尽量不要脱离艇和桨，以提高救援效率。”（图5-17）

（2）施救者将被救艇翻转，使舱口侧立朝向被救者。”（图5-18）

图5-17 两艇相并

图5-18 被救者准备爬艇

（3）被救者面向舱口，准备进入船舱，一只脚先伸进舱内，另一只脚也慢慢伸进去，双手抱住艇。（图5-19）

（4）施救者将艇翻正，如果施救者的力量比较小，不足以翻转被救者的艇，可以借用桨来翻转（杠杆原理），被救者转动身体，调整坐姿。（图5-20）

图5-19 被救者进入船舱

图5-20 艇翻正，调坐姿

（5）用抽水泵抽出船舱里的水，拿到桨，救援结束。（图5-21）

图5-21 抽水泵抽水

3.“上帝之手”救援

适用场景：被救者由于各种原因无力进行湿逃脱。

操作步骤如下：

（1）发现有人翻艇，施救者划向被救艇，并艇靠近，如果翻艇者无法脱困，需要及时进行“上帝之手”救援。（图5-22）

（2）施救者一只手按近端的船底，另外一只手去拉远端的船舱，用力将船舱翻出水面，这时需要调整一下用力点，一只手拉船舱，另一只手拉被救者的肩带，将艇翻正。（图5-23）

注意事项：施救者拍击被救者的艇后，如果被救者没有反应，需要进行及时的救援，翻转艇的过程中注意及时调整发力点，在最后阶段将艇翻正时拉住被救者的肩带会省力一些。

图5-22 划向被救者

图5-23 按艇，翻正

4. “X”型救援

应用场景：被救艇密封舱漏水、艇舱进水过多、艇过重、救援者无力独自完成倒水动作，需要被救者辅助。救援者需要穿戴防浪裙，避免将被救艇中的水倒进自己的船舱。

操作步骤如下：

（1）落水者翻艇后湿逃脱，施救者上前准备救援，被救者沿着艇边移动到施救者的艇头，抱住艇头等待救援。（图5–24）

（2）将被救艇拖到施救者艇上，舱口朝下，左右翻转艇进行倒水，被救者可以辅助。（图5–25）

图5–24 准备救援

图5–25 翻艇倒水

（3）将被救艇翻正，与施救艇并艇，施救者抱住被救艇（两条艇头尾相对，这样施救者可以实时看到被救者的状态，方便进行引导和交流），被救者爬艇，参考“T”型救援爬艇方法。（图5–26）

（4）被救者调整坐姿，拿到桨，救援结束。（图5–27）

图5–26 将艇翻正

图5–27 调整坐姿，完成救援

5. “H”型救援

适用场景：被救皮艇密封舱漏水，单人无法完成救援，需要两名施救者。

操作步骤如下：

（1）发现落水者等前期动作参考“T”型救援。之后，两名施救者将被救艇抬起，左右摇晃倒水。（图5-28）

（2）施救者将艇翻正，并艇，参考“T”型救援的爬艇方法。（图5-29）

图5-28 摇艇倒水

图5-29 翻正艇

6.拖绳救援

拖绳救援包括“一”字形拖绳救援和“V”字形拖绳救援，“V”字形至少有两个施救者，两条拖绳。

应用场景：水域相对安全，被救者体能下降或丧失划艇能力，需要用到拖绳包。

操作步骤如下：

（1）施救者靠近被救者艇头，将拖绳的卡扣扣在艇头的把手上。（图5-30）

（2）将拖绳包转到背后，划动自己的艇提供动力，拖运被救艇。（图5-31）

图5-30 卡扣扣在艇头

图5-31 托运被救艇

四、激流救援

一般造成在激流中翻艇的原因包括突然横转、大浪、小股汹涌的激流，以及在多种操作下，划艇者糟糕的顺水而下的技能，突然的翻艇通常是在进入相反的水流时，例如洄水区，划艇者运用方向错误的侧倾立刃所导致。

无法预测的脱艇是激流皮划艇运动救援的一种情况，划艇者必须做好在任何情况下在水中游泳的准备。

（一）自救

1.自救办法

在任何可能的情况下，每个划艇者都应该积极地进行自救。

（1）不要站在快速流动的水中，因为水下的湍流会形成脚底的陷阱，带来危险。

（2）保持双脚朝上靠近水面并不停地踢腿。

（3）流向下游时，把双脚朝外分开，以准备好抵挡或避开前面的障碍。

（4）保持臀部朝上滑过障碍而不是直接撞上岩石。

（5）当路线上没有障碍时，寻找一处无障碍的岸边，并朝其游过去，利用急流之间的漩涡游到岸边。

（6）游离各种危险，例如洞穴、倒钩岩体，以及顺流而下的船只。

2. 考虑因素

以上参考同样适合于用艇进行自救的人员，另外还应考虑以下几个因素。

（1）去艇的上游一侧，并抓住离岸边最近的艇侧，抓住系艇的绳子或者是手抓环（图5-32）。如果是开放式的艇，划艇者可以抓住离艇近的绳索，以便获得更好的视野来避开下游的障碍。

图5-32 抓住系艇绳或手抓环

（2）尽力游向安全的岸边，如果没有障碍的话，以横向的（broached）姿势用力拉艇。

（3）如果遇到很多岩石，保持艇与流向一致来躲开障碍，一旦逃离，立即游向最安全的岸边。

（4）对打算给予帮助的划艇者要有所了解。

（二）团队救援

团队救援是基于落水者不能自救，而离得最近的划艇者能快速伸出援手，并确定在特定情境下最有效的救援形式。所有的划艇者要好好分析情况以避免将救援复杂化，如果没有必要，千万不要聚集在一起。

团队救援的技术包括以下几项。

1.有艇救援

假定在上游位置停着一只艇，而落水者正在自救，救援艇应该划到落水者附近以便于让落水者抓住系艇的绳子或手抓环，接下来救援者再将落水者和艇拉到安全的岸边。

如果落水者伸展全身也无法完全抓住救援艇，那么他应该放弃自己的艇，救援的第一重点是人要安全到达岸边。

2.撞击

救援艇划到被救艇的艇身中央位置，形成垂直的角度去撞击被救艇，这样才不会改变其摆渡的角度。撞击法适用于双人艇和皮艇，因为它们能够为艇快速到达岸边提供额外的力量。在有艇救援时，常常会采用撞击法。

3.爱斯基摩救援

爱斯基摩救援适合于不会爱斯基摩翻滚的划艇者。救援艇的艇首移到靠近被救者手边的位置，被救者的双手必须浮出水面并搜寻救援艇，被救者需要抓紧艇首并上升，如果这种方法失败了，那么被救者需要回到水中并开始自救，救援艇则要选择备选方案。

4.抛绳救援

（1）发现有人在激流水域中落水，施救者将抛绳包抛向被救者。（图5-33）

（2）如果抛绳没有投到合适的位置或是没有被落水者抓住，需要进行第二次或多次抛抛绳。当被救者抓住抛绳后，施救者将其拉回岸边，辅助上岸，完成救援。（图5-34）

图5-33 抛绳救援

图5-34 将被救者拉回岸边

第六章

教练员及领队的职责

一、公开水域皮划艇的教学特点

公开水域皮划艇运动是休闲体育运动的一种，是以养生为目的、以康体健身为主题、以皮划艇为媒介、以运动社交为需求的一种休养方式。休闲体育运动有以下两个特点：①是人们在工作、生活之余，有一定空余时间参加的活动；②人的物质基础达到了一定程度，有能力支付参加活动的开支。所以，休闲体育运动是现代人生活的重要组成部分。

基于上述特点，公开水域皮划艇的教学也有别于专业皮划艇的教学，要融入休闲运动的特点。

1. 教练员要承担一定的责任和义务

水上运动项目首先要保障参加人员的安全，安全工作是整个活动的重中之重。教练员必须具备很强的安全意识，具备较为专业的水上救生、陆上救护技能，以保障活动的安全顺利进行。教练员在教学过程中要有较强的责任心，担当起活动的责任人。

2. 知识的多样化，技能的全面性

公开水域皮划艇教练员与专业的皮划艇教练员有着很大的区别，除了要基本掌握皮划艇的专项技术，还要更多地掌握以休闲、娱乐为目的的皮划艇技巧、技能，以满足广大爱好者的需求。

3. 活动目的不同

参加公开水域皮划艇运动的众多人员的活动目的是不同的，有以强身健体为目的参加竞赛的皮划艇爱好者，有以培养独立能力、锻炼意志品质的少儿体验、亲子活动参与者，还有水上旅游观光的户外爱好者，以及培养团队团结互助的水上拓展活动参与人员。对于初学者，学员面临着既兴奋又恐惧的多重心理，一方面想马上掌握皮划艇的技巧，下水体验水上运动的乐趣，自由地游弋；另一方面却要面对艇上平衡、翻艇的恐惧，在水面上战战兢兢，举桨艰难。因此，教练员在此时的教学作用是十分重要的。教练员要及时洞察初学者的心理，正确地引导、积极地帮助初学者战胜恐惧。同时，教练员要根据个体和团队具体情况制订不同的教学方案、组织形式，使初学者在最短的时间内掌握划桨、水上平衡等技巧，从而提高划艇的技能。

4. 参加活动人群年龄跨度大

皮划艇作为休闲运动，其运动强度不大，参与活动的人员年龄从6岁到70岁不等，从似懂非懂的儿童到头发花白的老者，皆可划艇，要教好年龄跨度如此大的群体，教练员

必须在教学的方式方法上因人而异，因材施教，根据活动人员的年龄、目的、要求组织教学。

5. 教学活动场地多变

根据参加活动人员的年龄、活动目的的不同，场地、活动路线会按需变更。这要求教练员有较强的执行力，做好计划，制订预案，选择符合学员既有能力，并能让学员与教练员和同伴交流的环境。要避免选择那些嘈杂和危险的环境，以便对现场的突发情况能够按照预定流程进行处理，不会失控。

二、教练员的职责

1. 前期

（1）参与活动方案的讨论，依据方案了解学员背景、活动目的、活动流程、时间节点、紧急联络方式、后勤保障措施等信息。

（2）掌握学员年龄构成，水上运动技能掌握状况，现有装备数量、运用状况，知晓活动期间的气象条件。

（3）熟知既定的应急预案，牢记紧急状况下的救援、协助联络方式，明晰活动水域范围、切割航道作业批复时间、行程线路的作业点位置。

2. 现场

（1）保障活动的顺利进行，做好现场技术动作讲解。

（2）掌控学员在现场的活动氛围，调动学员参与热情，预防群体活动现场失控。

（3）按照既定流程，重点关注现场重点学员行为状况（通常以救生衣颜色区分），监控重点学员体能、情绪变化，预判该类人群继续参与的风险，做好现场风险防控。

（4）合理调度、安排现场助手的具体工作，保障现场活动在安全前提下秩序井然。

3. 后期

（1）协助助手完成装备清点、入库。

（2）配合技术部门对装备器材损耗归档，协助完成损耗装备、器材的修复及维护。

（3）认真完成当期活动日志记录，做好执行流程工作总结。

（4）对当次现场活动进行分析，提出活动改进建议。

三、教练员的教学能力

教练员要胜任皮划艇教学工作，不仅要有高度的社会责任感、扎实的专业知识和娴熟的划艇技能，还应具备良好的教学作风和教学能力。

教练员要完成教学任务，往往是多种能力的综合运用，教练员的教学能力直接影响教学效果。教练员教学能力的形成，一靠先天的素质，二靠后天培养。只有勤奋好学、善于总结，才能不断提高教学能力。教学能力包括教学组织能力、沟通能力、讲解示范能力、因材施教能力、自我评估能力5个方面。

1. 教学组织能力

公开水域皮划艇运动学员的背景不同、年龄不同、性别不同、性格不同，其接受能力也各有不同，这就要求教练员有较强的教学组织能力。

2. 沟通能力

沟通能力主要是指教练员与学员的沟通、交流能力。在教学中，沟通被视为一个融合了许多手段和方法的工具。教练员第一次与学员见面或上第一课时，就要让学员真切感受到教练员容易沟通和交流，从而消除畏惧和不安心理，对学习掌握划艇技能充满信心。

3. 讲解示范能力

讲解示范能力主要是指教练员能通过讲解示范使学员获得划艇动作定向和进行模仿练习的能力。讲解示范是教练员最常用的教学方法，教学效果对学员掌握划艇技能影响很大。在教学中，教练员先通过讲解，让学员在头脑中建立起动作要领的定向印象；再通过具体的动作示范，帮助学员形成划艇动作定向，为学员划艇操作练习提供模仿榜样；最后，通过教练员同艇指导、伴划指导，学员反复练习，逐步形成划艇动作定势。

4. 因材施教能力

因材施教能力主要是指教练员能按照学员的身心特点，量身定做，实施教学的能力。在教学中，教练员除了根据学员的共性进行教学外，还必须针对学员的气质、个性、性别、年龄和智商等方面的差异，针对具体学员进行具体分析，采用适宜的教学方法。

5. 自我评估能力

自我评估能力主要是指教练员对自己的职业行为进行评议和判断的能力。自我评估是教练员认识自我、完善自我的重要手段。

四、公开水域皮划艇领队应具备的能力

公开水域皮划艇领队是一个什么样的角色呢?

首先，领队是活动流程的总控。领队负责活动全程的控制，除在现场协助教练员完成相关工作，将在到达活动现场后的水面活动指挥权移交给教练员外，他拥有其余行程安排的最高现场指挥权，包括但不仅限于学员咨询应答、往返交通安排、当地餐饮住宿、目的地协作联络、应急处理最高权限、余兴节目安排、现场流程变更等。

其次，公开水域皮划艇领队是活动的领导者，应该对整个活动负责。

再次，公开水域皮划艇领队是活动计划的执行者，必须具备相当的能力。

因为公开水域皮划艇是在江河湖海进行的活动，注定有别于其他休闲体育项目。“水能载舟，亦能覆舟”，它能给人带来欢乐，也能给人带来痛苦。如何掌握水的习性，在活动中防患于未然，就是水上活动组织者、领导者、执行者首先要注重的。

公开水域皮划艇领队作为一个团队的灵魂，不仅要具有很强的皮划艇运动技能，还要具备良好的组织管理能力，它是一个具有丰富专业知识、技能和经验的管理者，需具备以下能力：①掌握公开水域皮划艇运动技能；②活动计划的制订和前期准备能力；③遇到突发事件的应急与人员急救能力；④判断与决策能力；⑤风险管理能力；⑥个人与团队的管理能力；⑦良好的沟通能力；⑧良好的环保意识；⑨遵纪守法，熟知法律法规；⑩具备其他相关的知识。

五、公开水域皮划艇领队的职责

公开水域皮划艇领队在整个活动中担负着相当大的责任，无论是专业领队，还是兼职领队；无论是短途活动，还是长途划行；无论是带着个体，还是带着团队，担当公开水域皮划艇领队就意味着对活动负责，有着义不容辞的职责。

1. 确保活动参与者的安全

（1）做好活动的紧急预案。领队必须具备处理水上救生、伤病事故、天气突变紧急情况的能力，要了解危险地段河流水况。

（2）良好的时间管理。计划好行程，控制好水上划行的时间。

（3）掌握活动者的个体特点，有针对性地安排行程。

2. 确保活动参与者获得有价值的体验

（1）除了确保安全，还要帮助活动者达到活动目的，获得体验价值。领队也要发挥领队的多重角色作用，充当教练员，帮助参与者提高技能水平去迎接挑战。

（2）在团队中建立良好和谐的关系，相互关心，互相帮助，共同克服困难，完成行程，达到活动目的。

（3）行程中适时地介绍旅途特点，带领队员欣赏大自然，缓解旅途疲劳并调节气氛。

3. 保护环境

（1）领队要以身作则，提高环保意识，把环保的理念与意识传达给活动的参与者，共同承担环保的责任。

（2）除了清理垃圾以外，还要保护土地、水资源、动植物和尊重当地文化风俗，领队要帮助参与者全面认识环保，倡导享受自然、保护自然的理念。

4. 遵纪守法

（1）确保组织活动的合法性。要有组织、有计划地召集爱好者参与活动，避免因缺乏责任主体引来不良影响。

（2）遵守活动区域的法规。在需要经过审批、报备的水域、地区活动，一定要在活动前做好相关审批手续，领队要了解、遵守户外场所的相关规定并让参与者一起遵守。

六、领队在皮划艇户外活动中的准备与计划

一个合格的领队为完成皮划艇户外活动要制订详细的计划，做好各方面的前期准备。常言道："好的计划是成功的一半"。制订周全的活动计划有助于提高活动的质量。计划的制订、有组织的实施和团队的信息分析是实现活动目标和避免事故发生的基础。

1. 做好活动参与人群的分析

做好活动参与人群的分析是活动安全和顺利开展的前提。例如高强度、长距离的长途水上旅行活动，不适合体力较差、技术水平一般的人参加。参加激流皮划艇漂流者，必须要具备一定的漂流经验和水平。活动参与人群分析要分析目标人群的需求、类型特征和技术水平。每一个参与者都有自己的需求，希望能够满足自己的需求是他们选择活动的主要因素。一项活动适合什么人参加是领队必须考虑的问题。

参与者的年龄、性别、身体状况及团队规模等群体结构特征对活动是否能成功有很大的影响，领队必须根据这些具体的因素，设定合理的活动目标，控制合理的规模。

2. 活动目标的设定

活动目标是决定活动结果的首要因素。明确了目标，才可以根据目标来安排活动内容，才可以使队伍获得最大的收获。

活动的目标是活动计划的重要组成部分，领队要按照设定的目标组织活动。

3. 活动资源的测评

在计划活动前，首先要确定领队、协助人员与参加者的比例，不同强度、不同人群、不同的团队目标，人员配备比例各不相同。既要保证安全又要保证服务和活动质量。

一个好的活动一定需要合理、有效的人员分工与协作，这里领队起到了主导作用。

对活动线路的选择，对环境、场地设施及装备方面都要有充分的认识。应评估季节与天气对活动的影响，保证所带的装备、食品等能满足本次活动的要求，确定途中补给的方式。

资金也是完成活动计划的重要保障，要在交通、食宿等方面做好资金的准确预算，告知参与者吃住行的等级标准，从而提高参与者对活动的满意度。

4. 活动计划评估

对计划中涉及的各项事务的评估，是皮划艇活动中必不可少的环节，由同行进行活动计划的评估，更容易发现计划中的问题，效果会更好。

5. 计划实施准备

提前了解活动地区吃住行的情况，妥善安排活动的各个环节，做好预定、修整等各项后勤工作。对身体不适者和难以应对活动难度的参与者，要委婉拒绝其参加。

对于领队而言，出发前依照计划再确认各事项是必须养成的工作习惯，“再确认”环节，有助于避免疏漏，预防可能发生的意外情况。此外，还应制订一份备用计划，以便应对可能出现的各种意外情况。